CONTENTS

4	オープニングクロールについてあなたが知らない事実
6	ボバ・フェットはどれに出てた?
8	はじまりはどこから
10	はるかかなたの銀河系で…
12	大きさはやはり重要
14	銀河の歴史を学ぼう
18	さほど悪くない状況／かなり深刻な状況
20	誰が一番しゃべってる?
22	ルークの成長記録
24	スター・ウォーズ銀河の統治の歴史
26	"やつは人間というより、もはや機械だ"
28	下手な鉄砲も数撃てば
30	ブラスターの色
32	ライト・メーター
36	ライトセーバーの所有者
38	ストームトルーパーからの指令
39	ダース・モール
40	フォースが強いのはだれだ
42	フォースとともにさらなるパワーを
44	マインド・トリックの成否
46	遅咲きの騎士たち
48	銀河の果てのすれちがい
50	ジェダイ最高評議会の席順
52	ジェダイ評議会はいくつあるか
54	ローグ・ワンへの道
56	立場の逆転
57	ひとつではなくふたつ
58	銀河系最速の宇宙船はどれか
60	ミレニアム・ファルコンの歴代所有者
62	タイ・ファイターとは
64	デス・スターの建設
66	ヤヴィンの戦いから生還した反乱軍の戦闘機
68	スター・ウォーズ解体新書
70	R2-D2がたどった航路
72	ドロイドの5つの等級
74	R2-D2の頭のなか
75	C-3POの頭のなか
76	3,720分の1
78	ドロイドの性格マトリックス
80	BB-8の移動方法
81	バトル・ドロイドの返事
82	倒されたドロイドの嘆き
83	ダース・ベイダー
84	反乱者たちの素顔
86	キャラクターたちの呼び名
88	目で見る誹謗中傷の度合い
90	銀河系で人気の侮蔑語"クズ(SCUM)"ランキング
92	ジャバの宮殿に住まう悪党
93	ジャワ族の商品
94	ジャバ家のホームパーティー
96	スローフード運動
98	ウィズ・ア・リトル・ヘルプ・フロム・マイ・フレンズ
100	725分の1
102	ナブーより愛をこめて
104	シーン切り替えエフェクト全集
106	K-2SOの査定
107	ジェダイの伝説
108	父親問題を表すベン図
110	決闘の全勝敗結果
112	生死の分かれ目
114	戦いの記録
116	ヨーダ
118	ライトサイド(の構成色)
120	ダークサイド(の構成色)
122	ダークサイドへ至る道
124	ストームトルーパーの命令系統
126	"あれは月じゃない"
128	一度ならず二度までも
129	「イウォーク・セレブレーション(ヤブ・ナブ)」
130	ランドの大口取引リスト
132	そこに隠れているもの
134	貴重な積み荷
136	つねにやつらはふたり
137	カイロ・レンを引きつけるもの
138	ストームトルーパーのユーティリティベルト
140	レイア姫に言わせると、グランド・モフ・ターキンの統治方針は
141	ウォーク・ディス・ウェイ
142	ジェダイが望むもの
143	ケープの着こなし比較
144	スカイウォーカー家の系譜
146	ブーンタ・イヴ・クラシック
148	マズ・カナタ
149	下取り価格
150	クレジットの通貨価値基準
152	レイが視たヴィジョン
154	銀河系の色
156	マスターと弟子の全相関図
158	グリードの幸運
159	アクバー提督のNGカット
160	ストームトルーパーにしてはオチビさんね
162	常人では思いつかない現実離れした名前
164	乗りもの略称一覧
166	名前のなかに隠れている意味
168	「クローン・ウォーズ」のエピソードの正しい順序
170	スター・ウォーズ
172	歴史は繰り返す
174	時間と空間

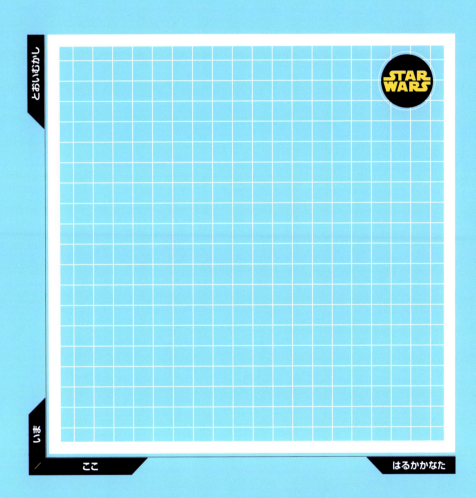

スター・ウォーズ スーパーグラフィック
インフォグラフィックで旅する はるかかなたの銀河系

ティム・レオン＝著　佐藤弥生・茂木靖枝＝訳

Star Wars Super Graphic: A Visual Guide to a Galaxy Far, Far Away by TIM LEONG

フィルムアート社

スター・ウォーズ

STAR WARS

スーパーグ

ティム・レオン 著　佐藤弥生・茂木靖枝 訳　　インフォグラ

一千光年の道も一歩から
オープニングクロールについて

オープニングクロールの単語数

スター・ウォーズ　エピソード1／ファントム・メナス

スター・ウォーズ　エピソード2／クローンの攻撃

スター・ウォーズ　エピソード3／シスの復讐

スター・ウォーズ　エピソード4／新たなる希望

スター・ウォーズ　エピソード5／帝国の逆襲

スター・ウォーズ　エピソード6／ジェダイの帰還

スター・ウォーズ　エピソード7／フォースの覚醒

作品のプロットやテーマを強調するためにすべて大文字で書かれていることば　→

オープニングクロールのつぎにカメラが動く方向

●上 ●下　　エピソード1　　エピソード2　　エピソード3　　エピソード4　　エピソード5

フォント　オープニングで使用されているフォントは2種類ある：本文は **NEWS GOTHIC BOLD**、

あなたが知らない事実

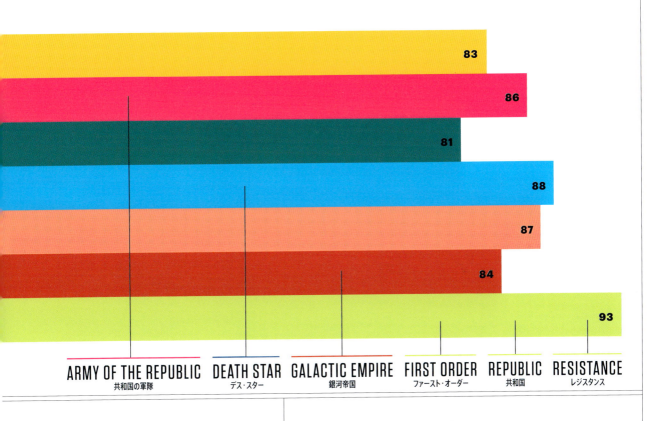

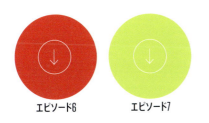

クロール末尾のピリオドの数

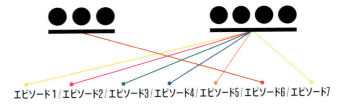

映画のタイトルは Univers 49 UltraCondensed Light を使用している。

ボバ・フェットはどれに出てた？

各キャラクターはどの映画に出ていたか。

	ファントム・メナス	クローンの攻撃	スター・ウォーズ／クローン・ウォーズ	シスの復讐
アクバー提督			●	
アソーカ・タノ			●	
アナキン・スカイウォーカー	●	●	●	●
ボバ・フェット		●	●	
C-3PO	●	●	●	●
チューバッカ			●	●
ドゥークー伯爵		●	●	●
ダース・ベイダー			幻影のみ	●
シーヴ・パルパティーン	●	●	●	●
グリーヴァス将軍			●	●
ハン・ソロ				
ジャバ・ザ・ハット	●		●	
レイア・オーガナ				●
ルーク・スカイウォーカー				●
メイス・ウィンドゥ	●	●	●	●
モン・モスマ			●	●
オビ＝ワン・ケノービ	●	●	●	●
パドメ・アミダラ	●	●	●	●
クワイ＝ガン・ジン	●		●	名前が語られる
R2-D2	●	●	●	●
ウィルハフ・ターキン			●	
ヨーダ	●	●	●	●

正史をたどる
はじまりはどこから

スタート

- スター・ウォーズ:ダース・モール
- スター・ウォーズ エピソード1/ファントム・メナス
- スター・ウォーズ:オビ＝ワン&アナキン
- スター・ウォーズ エピソード2/クローンの攻撃
- スター・ウォーズ:クローン・ウォーズ
- スター・ウォーズ クローン・ウォーズ
- スター・ウォーズ:ダース・モール ルーク・ダン・ノミアの後継者
- 暗黒の弟子 DARK DISCIPLE
- スター・ウォーズ:ケイナン STAR WARS: KANAN
- スター・ウォーズ エピソード3/シスの復讐
- アソーカ AHSOKA
- ワイルド・スペースの冒険 ADVENTURES IN WILD SPACE
- ロード・オブ・シス
- ターキン
- 新たなる夜明け
- スター・ウォーズ 反乱者たち
- ロスト・スターズ LOST STARS
- スター・ウォーズ カタリスト
- ローグ・ワン/スター・ウォーズ・ストーリー
- スター・ウォーズ エピソード4/新たなる希望
- おれたちの船に乗って最高だぜ! ハン・ソロとチューバッカの冒険
- ジェダイの剣術を継げ! ルーク・スカイウォーカーの冒険
- スター・ウォーズ:プリンセス・レイア

スター・ウォーズでは伝統的に、映画以外に小説やコミック、ビデオゲームなどでも物語が展開されてきた。新たな映画シリーズの製作にあたって、壮大なスター・ウォーズ・サーガのカノン（正史）──不動の神話──を広げていくため、ルーカスフィルムは、映画の内容はこれまで描かれたことがないまったく新しいものになると発表した。これにより、別途記載がある場合を除いて、カノンとは2014年以降に発行された作品に限られることになった。本書で扱うのはカノンのみであり、下の表は作品リストを時系列に沿って並べたものである。

- 映画
- テレビシリーズ
- 小説
- コミック

ゴール

- スター・ウォーズ：チューバッカ STAR WARS: CHEWBACCA
- ジェダイの継承者
- スター・ウォーズ
- スター・ウォーズ：ベイダー
- スター・ウォーズ：ベイダー・ダウン
- スター・ウォーズ：ドクター・アフラ
- スター・ウォーズ：ランド
- スター・ウォーズ：ハン・ソロ
- バトルフロント：トワイライト中隊 BATTLEFRONT: TWILIGHT COMPANY
- スター・ウォーズ エピソード5／帝国の逆襲
- スター・ウォーズ エピソード6／ジェダイの帰還
- スター・ウォーズ：砕かれた帝国
- 反乱軍の危機を救え！ レイア姫の冒険
- スター・ウォーズ アフターマス
- アフターマス：命の借り AFTERMATH: LIFE DEBT
- アフターマス：帝国の終焉 AFTERMATH: EMPIRE'S END
- ブラッドライン
- スター・ウォーズ：C-3PO
- スター・ウォーズ：ポー・ダメロン ブラックスコードロン
- フォースの覚醒前夜〜ポー・レイ・フィン〜
- はるかかなたの銀河系の物語：エイリアンズ TALES FROM A GALAXY: ALIENS
- レジスタンスへ参加せよ JOIN THE RESISTANCE
- スター・ウォーズ エピソード7／フォースの覚醒

はるかかなたの銀河系で…

スター・ウォーズ銀河マップ

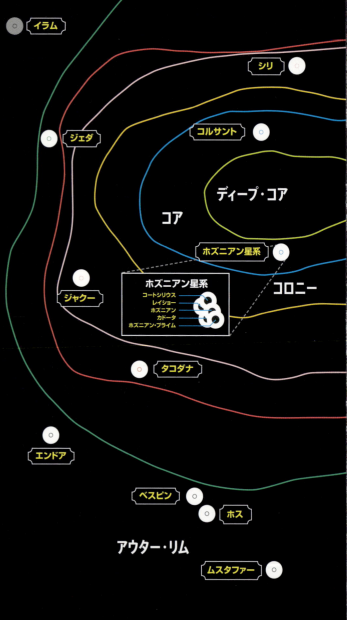

エンドア
同名の緑豊かな衛星にはイウォーク族が住む。第2デス・スターのシールド発生装置が設置されていた。

ジャクー
銀河帝国とレジスタンスの最終決戦の地。レイはこの惑星の出身。

ジェダ
かつて巡礼者の聖地として崇められた星。帝国の統治時代、ソウ・ゲレラが潜伏した。

ベスピン
ランド・カルリジアンが執政官を務めたクラウド・シティがある。貴重なガスの産出地。

ホス
辺境の氷の惑星。『帝国の逆襲』で反乱同盟軍が作戦本部エコー基地を設置した。

タコダナ
密輸業者や無法者の避難場所であり、女海賊マズ・カナタの酒場はならず者たちのたまり場だった。

イラム
ジェダイがかならず訪れる氷の惑星。ライトセーバーのエネルギー源であるカイバー・クリスタルの産地として知られた。

コルサント
銀河系政府の首都が置かれていた。惑星全体がひとつの都市で覆われている。

シリ
アソーカ・タノやシャク・ティをはじめとするトグルータ族の母星である緑豊かな惑星。

ムスタファー
オビ=ワン・ケノービはこの惑星の溶岩原で弟子のアナキン・スカイウォーカーと対決し、手足を切り落とした。

オルデラン
グランド・モフ・ターキンはレイア・オーガナの母星であったこの惑星を(養父ベイル・オーガナもろとも)デス・スターで破壊した。

コレリア
ハン・ソロの生まれ故郷であり、ミレニアム・ファルコンもここで造られた。

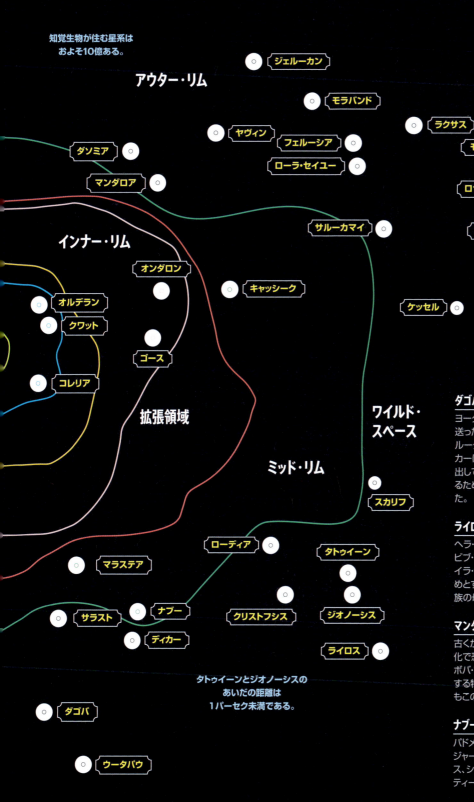

イラム
直径
660km
公転周期
301日
特記事項
カイバー・クリスタルの産地

ムスタファー
直径
4,200km
公転周期
412日
特記事項
アナキンとオビ＝ワンが死闘を繰り広げた。

エンドア
直径
4,900km
公転周期
402日
特記事項
イウォーク族の母星

ホス
直径
7,200km
公転周期
549日
特記事項
エピソード5の冒頭場面の舞台

マンダロア
直径
9,200km
公転周期
366日
特記事項
ボバ・フェットの装甲服はこの星のもの

● ← デス・スターの直径：160km

大きさはやはり重要

主な惑星（と衛星）の大きさを比べてみよう。

所在地　● コア・ワールド　● ミッド・リム　● アウター・リム　○ 未知領域

コルサント
直径
12,240km
公転周期
368日
特記事項
銀河共和国の首都

オルデラン
直径
12,500km
公転周期
364日
特記事項
レイアはこの星の王女だった

キャッシーク
直径
12,765km
公転周期
381日
特記事項
ウーキー族の母星

ダゴバ
直径
14,410km
公転周期
341日
特記事項
ヨーダが隠遁生活を送った

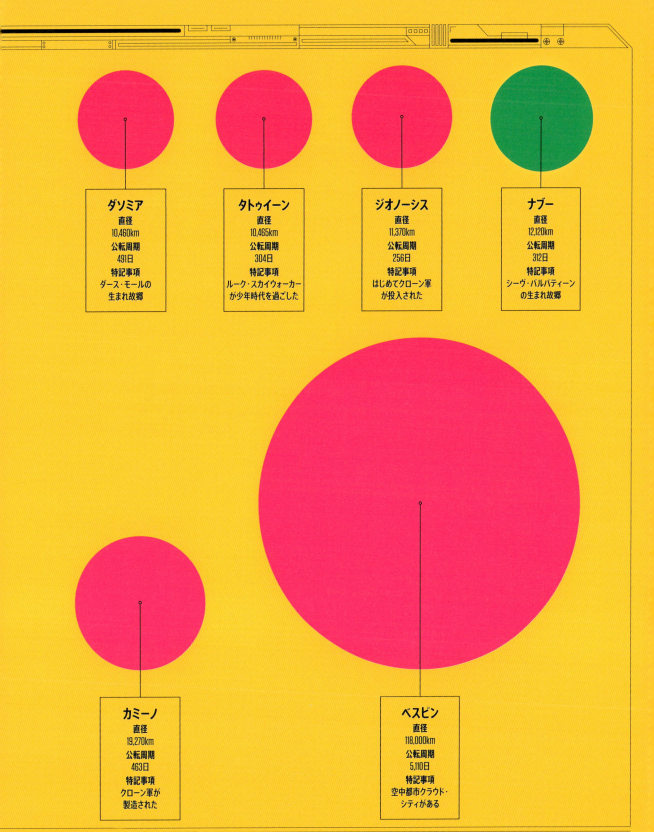

銀河の歴史を学ぼう

31-21 BSW4
オビ＝ワンがアナキンに修行を授ける。

20 BSW4
ダース・モールとマザー・タルジンがダース・シディアスと戦い、敗れる。

24 BSW4 ごろ
分離主義運動が起こる。数千の星系が共和国から離脱し、ドゥーク―伯爵が率いる独立星系連合へ加わる。

22〜19 BSW4
クローン戦争で共和国と分離主義勢力とが戦う。

32 BSW4
ジェダイ・マスターのサイフォ＝ディアスがクローン軍の製造を依頼する。サイフォ＝ディアスはのちにドゥーク―伯爵に殺害される。

ナブーの侵略。

絶滅したと思われていたシスがその存在を明らかにする。

アナキン・スカイウォーカーがクワイ＝ガン・ジンに見いだされる。クワイ＝ガン・ジンはのちにダース・モールに殺害される。

シーヴ・パルパティーンが共和国の最高議長に選ばれる。

22 BSW4
非常時特権を与えられたパルパティーンが軍隊を設立し、クローン軍を共和国軍として採用する。

ジオノーシスの戦いで、ジェダイがオビ＝ワン、アナキン、パドメを救出するが、多くのジェダイが犠牲となる。

アナキンとパドメが極秘に結婚する。

19 BSW4
分離主義者であるドゥーク―伯爵とグリーヴァス将軍が死亡する。

アナキンがシディアスの新たな弟子となる（ダース・ベイダー）。ダース・ベイダーが分離主義評議会のメンバーを全員殺害する。ダース・シディアスが戦争終結を宣言し、帝国が樹立される。

ダース・シディアスがオーダー66を発令し、クローン軍がほとんどのジェダイを処刑する。

パドメが双子を出産し、死亡する。ルークはタトゥイーンに送られ、レイアはベイル・オーガナの養女となる。

33 BSW4　32 BSW4　31 BSW4　30 BSW4　29 BSW4　28 BSW4　27 BSW4　26 BSW4　25 BSW4　24 BSW4　23 BSW4　22 BSW4　21 BSW4　20 BSW4　19 BSW4　18 BSW4　17 BSW4

> スター・ウォーズの最初の映画作品で描かれた「ヤヴィンの戦い」は歴史上の転換点となる出来事であったため、これを基準として日付を記載している。
>
> BSW4 『エピソード4／新たなる希望』より何年前か
> ASW4 『エピソード4／新たなる希望』より何年後か

14 BSW4
オーソン・クレニックが惑星ラムーのアーソの農場を訪れ、デス・スターの建造に参加させるためゲイレン・アーソを拉致する。

11 BSW4
ゴース紛争で、ヘラ・シンドゥーラとケイナン・ジャラス(オーダー66を生き延び、改名した)が出会い、帝国に対して非公式な反乱組織を結成する。

5 BSW4
フォース感応者であるエズラ・ブリッジャーが、ヘラとケイナンが率いるロザルの反乱組織にスカウトされる。エズラがケイナンの下でジェダイの修行を開始する。

4 BSW4
エズラが周囲の惑星にメッセージを送り、反乱を呼びかける。

大尋問官がケイナン・ジャラスに敗れる。生き残ったジェダイを探すためにダース・ベイダーがフォース感応者の尋問官たちを派遣する。

3 BSW4
アソーカとダース・ベイダーが惑星マラコアにあるシスの寺院で対決し、寺院が崩壊する。

0 SW4
ジン・アーソがチームを率いてデス・スターの設計図を盗み出す。

0 SW4
ダース・シディアスが元老院の解散を宣告する。

グランド・モフ・ターキンがデス・スターでオルデランを破壊する。

ルーク・スカイウォーカーが、ハン・ソロ、チューバッカ、オビ＝ワンとともにレイアをデス・スターから救出する。

オビ＝ワンがダース・ベイダーとの闘いで命を落とし、フォースの霊体となる。ヤヴィンの戦いでルークが反乱同盟軍に加わり、デス・スターを破壊する。

| 16 BSW4 | 15 BSW4 | 14 BSW4 | 13 BSW4 | 12 BSW4 | 11 BSW4 | 10 BSW4 | 9 BSW4 | 8 BSW4 | 7 BSW4 | 6 BSW4 | 5 BSW4 | 4 BSW4 | 3 BSW4 | 2 BSW4 | 1 BSW4 | 0 SW4 |

0 SW4 の後

タトゥイーンでオビ＝ワンが残した日誌を見つけたルークはフォースについて多くを学ぶ。「密輸業者の月」ナー・シャッダではジェダイの遺物を発見する。

3 ASW4

帝国軍の攻撃により、反乱軍が惑星ホスの基地から撤退する。

ルークがダゴバを訪れ、ヨーダのもとで修行を開始する。

ハン・ソロがランドの裏切りに遭い、カーボン凍結されてジャバ・ザ・ハットのもとへ運ばれる。

ルークが修行を中断して仲間の救出に向かう。ダース・ベイダーと対決したルークは片手を失い、自分がベイダーの息子であることを知らされる。

4 ASW4

反乱軍がジャバのもとからハン・ソロを救出する。

ヨーダが死に、ルークはレイアが自分の妹であることに気づく。

エンドアの戦いで、イウォーク族の支援を受けた反乱軍は第2デス・スターのシールドを解除する。

ダース・シディアスとベイダーにルークが立ち向かい、ダース・ベイダーをライトサイドに連れもどす。ダース・ベイダーとシディアスが死ぬ。

5 ASW4

反乱同盟軍が新共和国へと再編される。

ジャクーの戦いの後、帝国軍の抵抗勢力が敗北を認める。帝国軍の残留勢力が未知領域へ撤退する。

レイアとハン・ソロのあいだにベン・ソロが生まれる。

| 1 ASW4 | 2 ASW4 | 3 ASW4 | 4 ASW4 | 5 ASW4 | 6 ASW4 | 7 ASW4 | 8 ASW4 | 9 ASW4 | 10 ASW4 | 11 ASW4 | 12 ASW4 | 13 ASW4 | 14 ASW4 | 15 ASW4 | 16 ASW4 | 17 ASW4 |

時期不明
ベン・ソロがルークのもとでジェダイの修行をはじめる。

27～28 ASW4
レイアがファースト・オーダーの脅威を訴えるが、ダース・ベイダーの娘であることを告発されて信頼が失墜する。政界から退くことを余儀なくされたレイアは、ファースト・オーダーと戦うため、レジスタンスを組織する。

時期不明
ベン・ソロがダークサイドに堕ち、ルークの弟子たちを殺害する。のちにカイロ・レンと名乗る。

ルークが行方をくらます。

34 ASW4
ルーク・スカイウォーカーの居場所を記した地図を入手したポー・ダメロンが捕虜となるが、その後フィンによって救出される。ジャクーに墜落したフィンはレイと親しくなる。

タコダナでの戦闘中、レイが拉致される。

ファースト・オーダーがスターキラー基地を使ってホズニアン星系を破壊する。

レジスタンスがスターキラー基地でファースト・オーダーと戦い、レイを救出し、基地を破壊する。戦闘中、ハン・ソロがカイロ・レンに殺害される。

レイがルーク・スカイウォーカーを見つけ出す。

| 18 ASW4 | 19 ASW4 | 20 ASW4 | 21 ASW4 | 22 ASW4 | 23 ASW4 | 24 ASW4 | 25 ASW4 | 26 ASW4 | 27 ASW4 | 28 ASW4 | 29 ASW4 | 30 ASW4 | 31 ASW4 | 32 ASW4 | 33 ASW4 | 34 ASW4 |

さほど悪くない状況

"I HAVE A BAD FEELING ABOUT THIS." 「いやな予感がします」
──オビ＝ワン・ケノービ。通商連合の宇宙船に乗りこんだとき。

"I'VE GOT A BAD FEELING ABOUT THIS." 「いやな予感がする」
──アナキン・スカイウォーカー。闘技場でアナキン、パドメ、オビ＝ワンを公開処刑するための3匹の猛獣をジオノージアンが放ったとき。

"OH, I HAVE A BAD FEELING ABOUT THIS." 「くそ、いやな予感がする」
──オビ＝ワン・ケノービ。このあと、独立星系連合の艦に突入する。

"I HAVE A BAD FEELING ABO…" 「いやな予感がす…」
──K-2SO。スカリフでデス・スターの設計図を盗みに入る前。

"I HAVE A VERY BAD FEELING ABOUT THIS." 「すごくいやな予感がする」
──ルーク・スカイウォーカー。近づいてきたデス・スターを見たとき。

"I GOT A BAD FEELING ABOUT THIS." 「いやな予感がするぜ」
──ハン・ソロ。ゴミ圧縮装置のなかに閉じ込められて作動音が聞こえたとき。

"I HAVE A BAD FEELING ABOUT THIS." 「いやな予感がするわ」
──レイア姫。このあと、自分たちがいるのが、小惑星の洞窟ではなく、巨大な宇宙の怪物スペース・スラッグの体内だと気づく。

"ARTOO, I HAVE A BAD FEELING ABOUT THIS." 「R2、いやな予感がするよ」
──C-3PO。ジャバ・ザ・ハットの宮殿に通されたとき。

"I HAVE A REALLY BAD FEELING ABOUT THIS." 「ひどくいやな予感がするぜ」
──ハン・ソロ。イオーク族に丸焼きにされかけて。

"I HAVE A BAD FEELING ABOUT THIS." 「いやな予感がするぜ」
──ハン・ソロ。猛獣ラスターが解き放たれたのに気づいて。

かなり深刻な状況

スター・ウォーズ　エピソード1／ファントム・メナス

スター・ウォーズ　エピソード2／クローンの攻撃

スター・ウォーズ　エピソード3／シスの復讐

ローグ・ワン／スター・ウォーズ・ストーリー

スター・ウォーズ　エピソード4／新たなる希望

スター・ウォーズ　エピソード4／新たなる希望

スター・ウォーズ　エピソード5／帝国の逆襲

スター・ウォーズ　エピソード6／ジェダイの帰還

スター・ウォーズ　エピソード6／ジェダイの帰還

スター・ウォーズ　エピソード7／フォースの覚醒

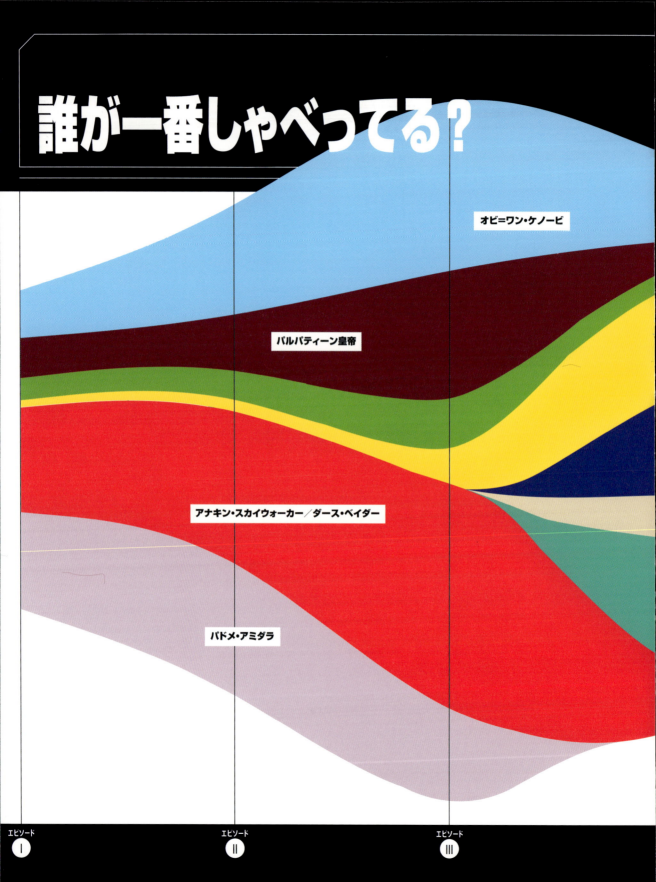

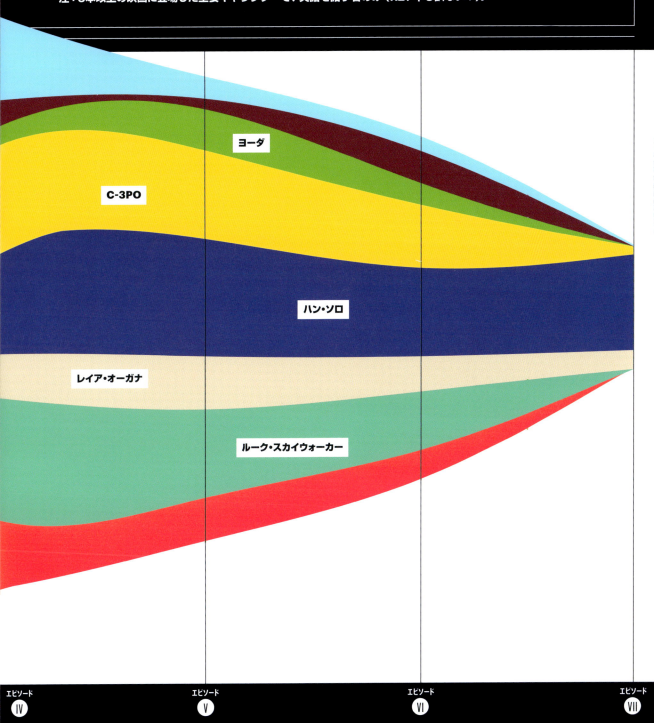

ルークの成長記録

● エピソード4　● エピソード6　● エピソード5　● エピソード7		あっちのドロイドはどう?	帝国に対する反乱のことか?	いろんな戦いを見てきたのか?	戦艦にも乗ったことがあるのか?
ぼくの父さんの知り合い?	そんなところに隠れて何をしてるんだ?	どこへ行くつもりなんだ?	いったいどうしたんだ?	ベン?	ベン・ケノービだね?
父はなぜ死んだの?	フォースって?	オルデランへ?	どう説明すればいいのかな?	帝国軍の兵士がなぜジャワを殺す必要があったんだろう?	オーウェン叔父さん?
振り切れないのか?	点滅してるのはなんだ?	大丈夫?	行動を支配されるってこと?	フォースを信じないの?	どうやって戦うんだ?
だれがそんな…?	どうしたんだ?	だれだ?	だれを見つけたんだ?	姫が?	姫がここにいるのか?
いまの見たか?	3PO?	3PO?	どこにいるんだ?	3PO?	どこにいるんだ?
自分が死ぬかもしれないっていうのに何をやってるんだ?	船は無事か?	ベン?	ハン、彼女のことどう思う?	金さえもらえば、さっさとずらかろうってわけ?	まわりの状況を考えたらどうだ?
ベン?	ダゴバ星系?	チューイー、元気でな、いいかい?	きみはどうだ?	ホビー、ついてこられるか?	ダック?
R2、ぼくらここで何やってるんだろうな?	充電か?	もう行ってくれないか、小さい爺さん?	知ってるの?	ヨーダのところは遠いの?	そこに行くには時間がかかる?
ハンとレイアを犠牲にしろってことですか?	ベン、なぜ教えてくれなかったんだ?	ベン、なぜ教えてくれなかったんだ?	マスター・ヨーダ……ダース・ベイダーはぼくの父親ですか?	真実を知ることが不幸なんですか?	なぜ教えてくれなかったんですか?

映画を追うごとに、農家の素朴な少年だったルークはジェダイの風格を身につけていく。自信を深めるにしたがって、質問の数も減っていった。

なんだこれは?	この女の人はだれだ?	この録画のつづきはないのか?	ちょっと待って。あの女の人はどうなった?	だれのことを言ってるかわかる?	そのオビ=ワンって人が探しに来たらどうするの?
あなたの親戚じゃないかな?	だれのことを言ってるかわかる?	知り合いなの?	何を言ってるんだ?	クローン大戦で戦ったの?	それは何?
ベルー叔母さん?	オーウェン叔父さん?	こんなところで本当にオルデラン行きのパイロットなんか見つかると思うの?	なんだって?	それを一杯くれないか?	1万だって?
どうしたの?	どういう意味?	どこへ行った?	なんだって?	どうやって?	どうしてまっすぐ向かったままなんだ?
今度はここにいたいって言うのか?	3PO、その手錠をとってくれないか?	どうして先に言わないんだよ?	ええ?	監房ベイに他の出口はないか?	どうしたんだ?
3PO、聞こえるか?	3PO、黙って聞いてくれるか?	監房レベルのゴミ圧縮装置を全部切ってくれるか?	ここはどこだ?	C-3PO、聞こえるか?	大丈夫か?
それしか頭にないってわけだろ?	大丈夫だよな、R2?	ちくしょう、ビッグズ、どこにいる?	ハンおじさん、聞こえるか?	どうしたんだ?	何かにおうのか?
ローグ2、大丈夫か?	そうだよ、R2?	R2?	どこにいるんだ?	大丈夫か?	どこか壊れてないか?
どうして父のことがわかるんだ?	ダークサイドのほうが強いんですか?	でも、善と悪をどうやって区別したらいいんですか?	何があるんですか?	ハン?	未来?彼らは死ぬんですか?
見方によって?	レイアはもどってないの?	ハン、ぼくのライトセーバーに届くか?	やつらが言ってることがわかるか?	レイア……きみはお母さんのことを覚えてる?本当のお母さんのことを?	どんなことを覚えてる?

左か右か、それが問題だ
スター・ウォーズ銀河の統治の歴史

BSW4『エピソード4／新たなる希望』より何年前か
ASW4『エピソード4／新たなる希望』より何年後か

スター・ウォーズのおよそ1,000年前

銀河共和国
旧共和国

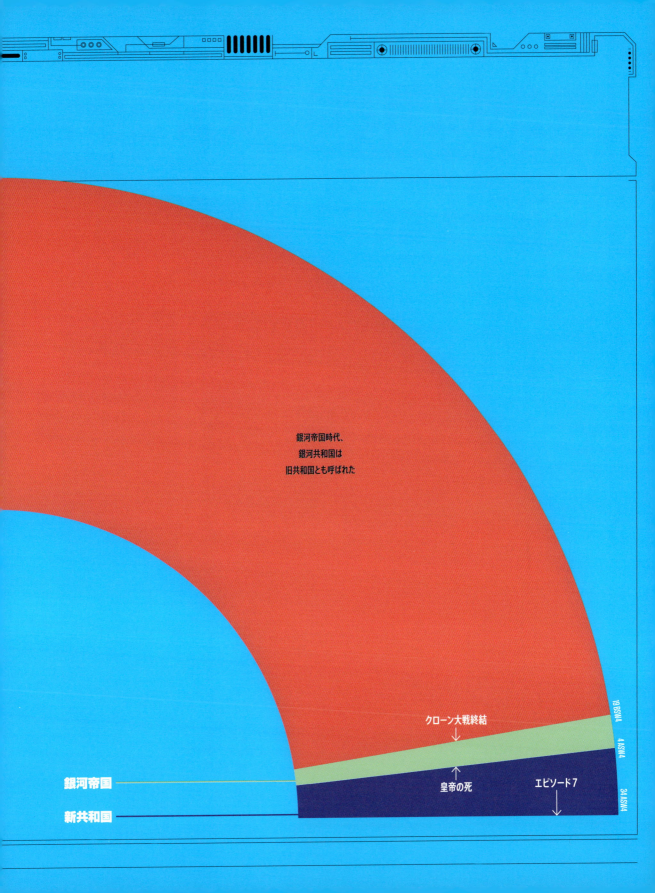

"やつは人間というより、もはや

サイボーグ化された部分と、人体が残っている部分の割合

コマンダー・ウォルフ

ダース・モール

ダース・ベイダー

デネトリアス・ヴィディアン

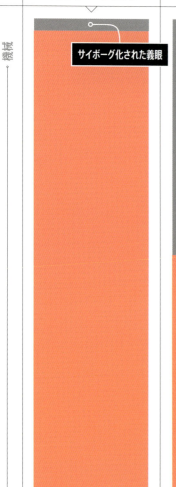

サイボーグ化された義眼

ロボットの足

四肢は
サイボーグであり、
装甲服で
生命を維持している

全身のほぼすべてが
移植片で
覆われている

機械 ／ 人間

機械だ"

——オビ=ワン・ケノービ

グリーヴァス将軍

ソウ・ゲレラ

ロボト

ルーク・スカイウォーカー

わずかな器官を残すのみ

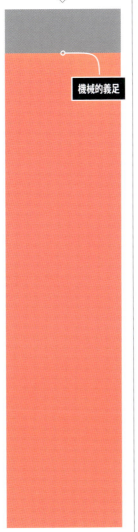

機械的義足

サイボーグ化された頭脳

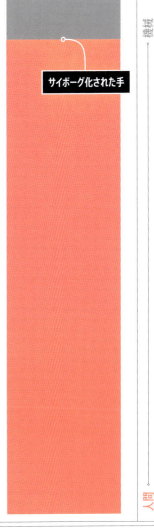

サイボーグ化された手

機械 ← → 人間

下手な鉄砲も数撃てば

『新たなる希望』で、ルークとハン・ソロ、チューバッカは無計画に
レイア姫の救出に乗り出した。ゴミ圧縮装置から脱出した4人は、
ミレニアム・ファルコンをめざした。無傷で切り抜けられたのは、
帝国軍の射撃の腕に助けられたと言えなくもない。

救出中にストームトルーパー
が発射したブラスター
119発が命中しなかった。

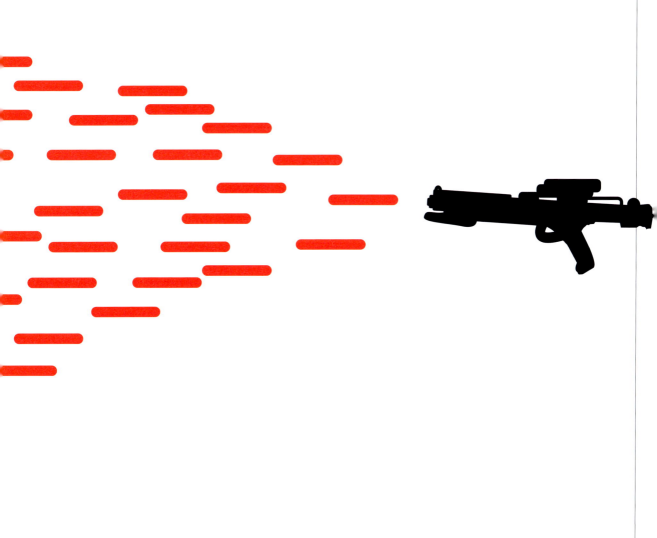

ブラスターの色

あか
安価なガスから作られており、最も普及しているブラスターの色である。
使用者:
ストームトルーパー、反乱軍、ドロイド、Xウィング

みどり
高純度のガスから作られているため、高価である。
使用者:
帝国軍のスターファイター、ナブー王室警備隊

あお
イオン・エネルギーを放出し、ドロイドや機械類を無効化する。リング状の青いボルトはスタン・モードであることを示している。
使用者:
「クローン・ウォーズ」のクローン・トルーパー。エピソード4ではストームトルーパーがレイアを気絶させるのに使用した。

広く誤解されているが、ブラスターから発射されるのはレーザー光線ではなく、光エネルギーのボルトだ。ボルトは攻撃力だけでなく、色もさまざまだ。色ごとにボルトを見てみよう。

オレンジ
低出力で殺傷能力がないため、訓練用に使われる。

使用者：
ルークの訓練用リモート。「反乱者たち」ではサビーネがエズラの訓練に使った。

きいろ
使用者：
マンダロリアンの過激派組織デス・ウォッチ

むらさき
使用者：
ジオノーシスのナンテックス級領域防衛スターファイター

ライト・メーター

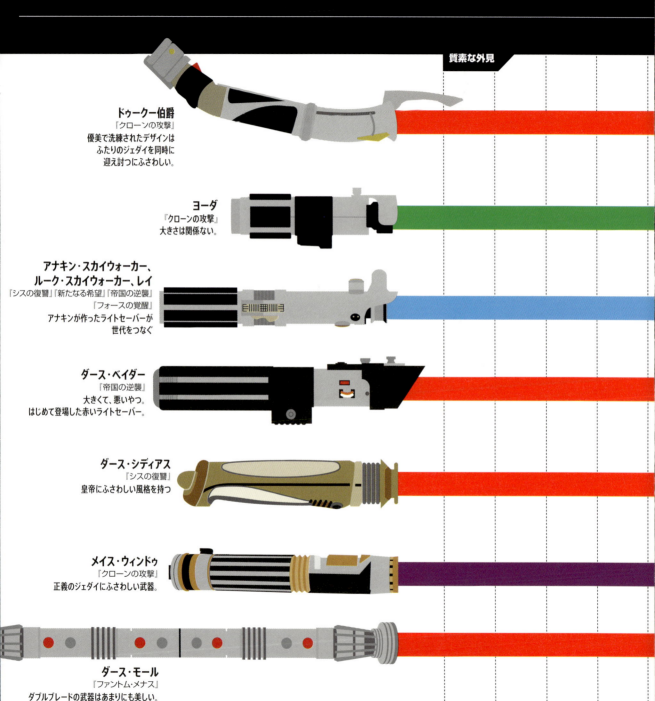

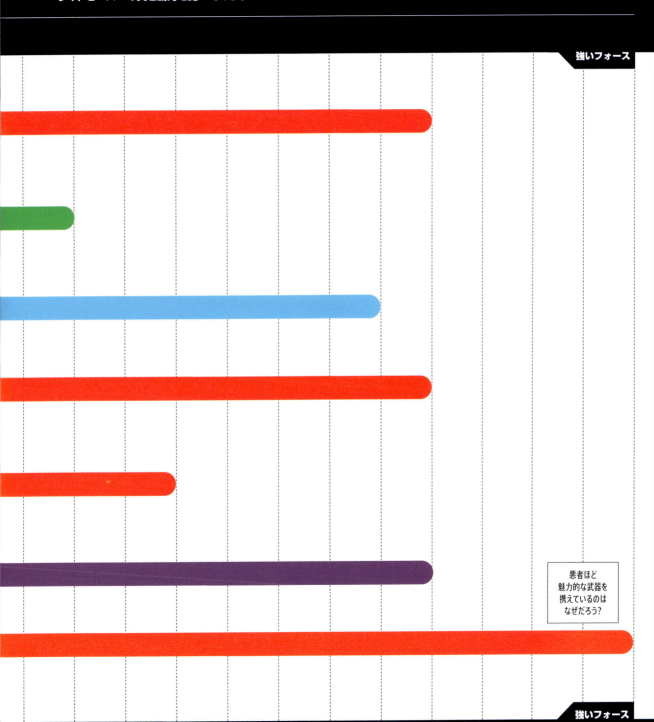

ライト・メーター

質素な外見

大尋問官
「反乱者たち」
2番目の刃を起動させると、外側のリングを回転させることができる

クワイ＝ガン・ジン
『ファントム・メナス』
飾り気はないが、価値ある働きをした。特筆すべきは、シス卿をふたつに断ち切ったことだ。

プレ・ヴィズラ
「クローン・ウォーズ」
サビーヌ・レン
「反乱者たち」
黒いブレードのダークセーバーはジェダイの武器だったが、旧共和国が滅びたときにマンダロリアン戦士に略奪された

エズラ・ブリッジャー「反乱者たち」
見かけはよくないが、ブラスターも組み込まれている。

アサージ・ヴェントレス
『クローン・ウォーズ』
湾曲したグリップ2本をつなげてダブルブレードとして使うことができる。

カイロ・レン
『フォースの覚醒』
カイバー・クリスタルがひび割れているため、持ち主と同様に不安定な性質だ。

質素な外見

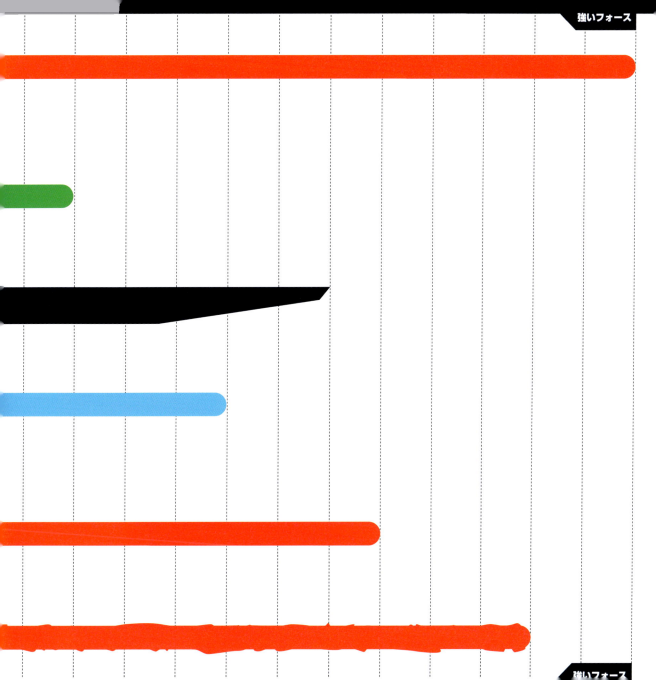

この武器はおまえの命だ
ライトセーバーの所有者

ジェダイのライトセーバーの色は内蔵されたカイバー・クリスタルによって決まる。カイバー・クリスタルはもともと無色だが、フォースに感応する性質があり、持ち主となるべきジェダイを導く。ジェダイと調和したクリスタルは光を放つ（通常は青か緑色）。ダークサイドの者がカイバー・クリスタルを使うには、無理に支配するしかない——クリスタルに"血"を流させるのだ。シスのライトセーバーがすべて赤いのはこのためである。クリスタルは「浄化」することも可能であり、浄化されたクリスタルは白くなる（アソーカ・タノのクリスタルがその例である）。

ストームトルーパーからの指令

- □ これは我々が探しているドロイドじゃない
- ■ 身分証明書を見る必要はない
- ▪ 行っていいぞ

ダース・モール

- ■ ダース・シディアスの弟子だった時間
- ■ サヴァージ・オプレスの師だった時間
- ■ マンダロアの支配者だった時間

フォースが強いのはだれだ

スター・ウォーズの映画のなかで「フォース」ということばをいちばん多く口にしたのは？

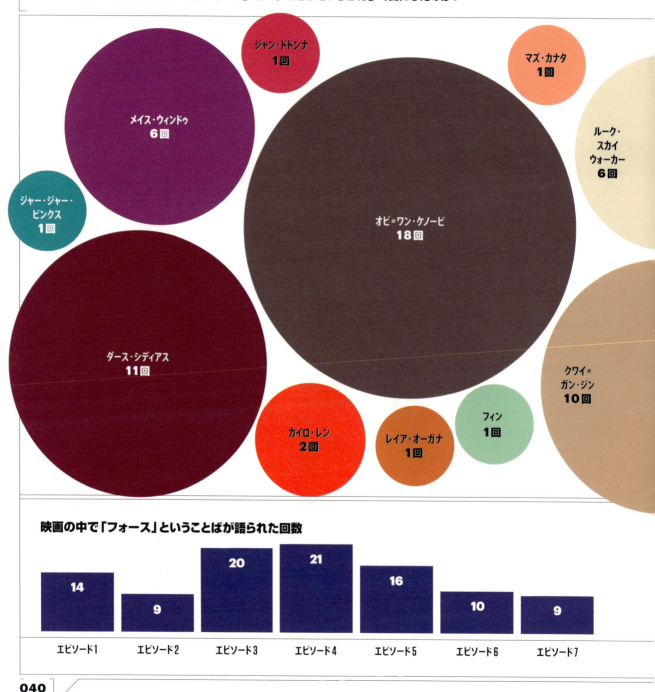

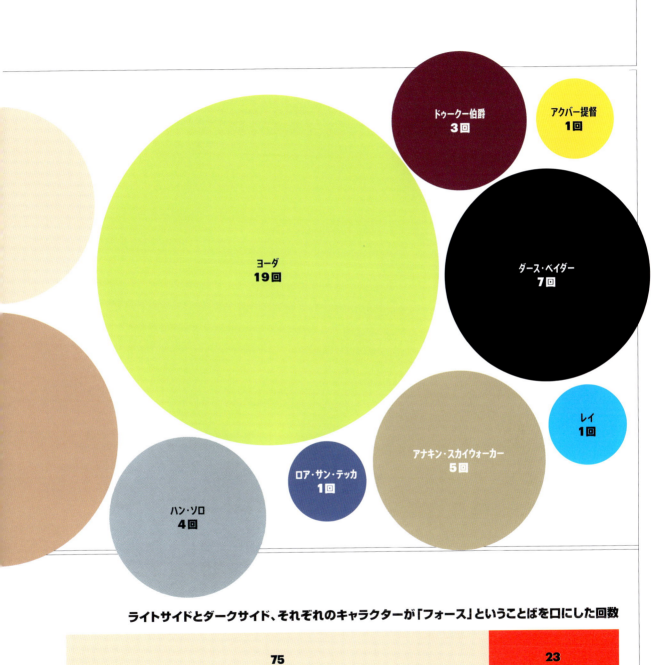

フォースとともにさらなる

フォースの流れを感じることができる者は、様々な能力を発揮できる。各フォース感応者がどの能力を使っているかを

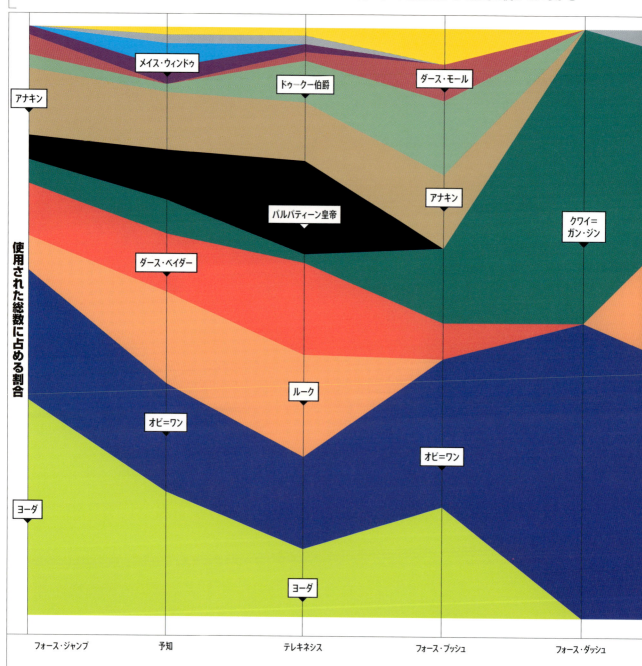

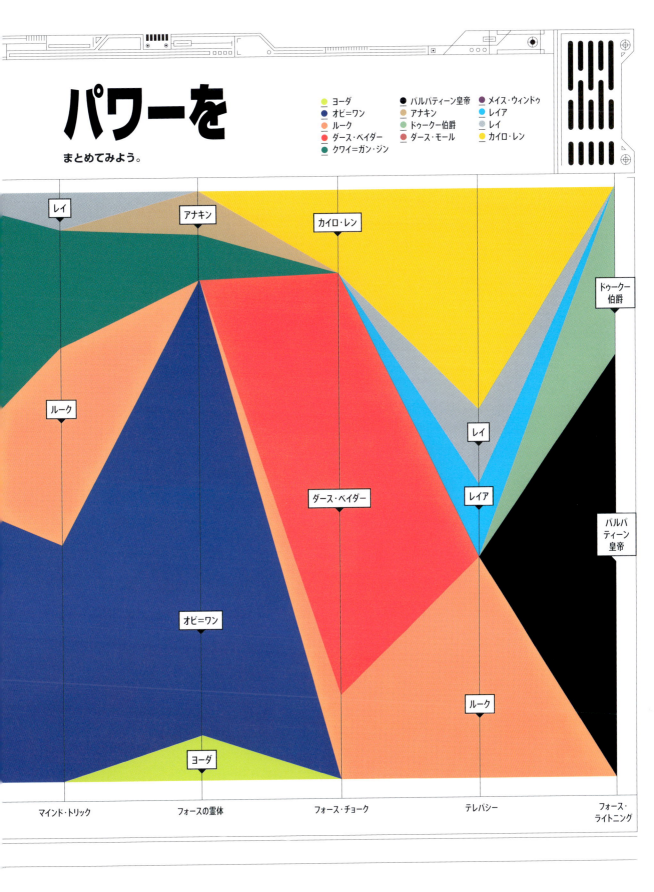

心のうちは……
マインド・トリックの成否

ジェダイのマインド・トリックがかならず成功するわけではない。
各キャラクターが映画で繰り広げた心理戦を振り返ってみよう。

- 成功したマインド・トリック
- 失敗に終わったマインド・トリック

オビ＝ワン・ケノービ

クワイ＝ガン・ジン

試みた回数

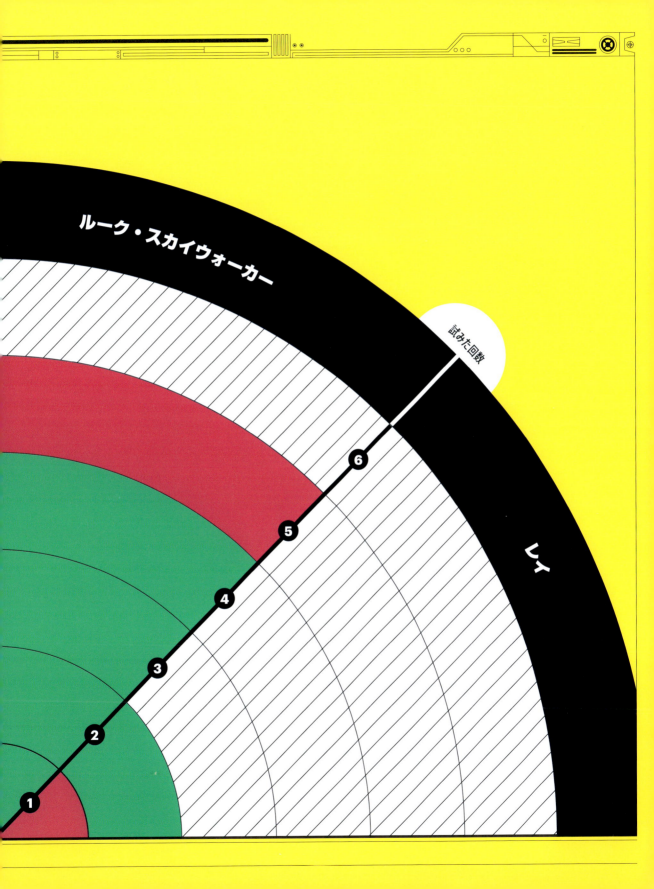

遅咲きの

ヤングリング（ジェダイ候補生）として訓練を開始するのは一般に3歳から6歳のあいだであるが、例外もある。人気キャラクターたちが訓練をはじめた年齢をまとめてみよう。

ルーク・スカイウォーカー、19歳

エズラ・ブリッジャー、14歳

アナキン・スカイウォーカー、9歳

騎士たち

レイ、19歳

アソーカは3歳で訓練を開始し、14歳でパダワンに選ばれた。

アソーカ・タノ、3歳

運命の糸は……
銀河の果てのすれちがい

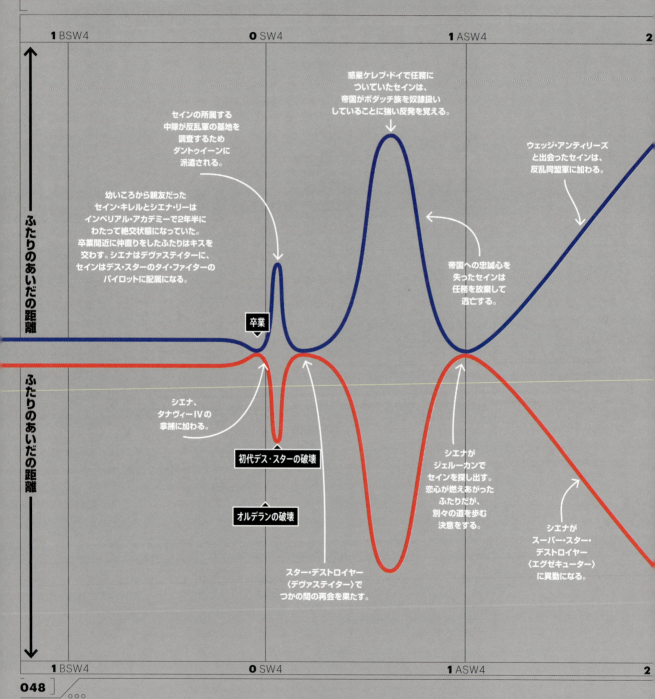

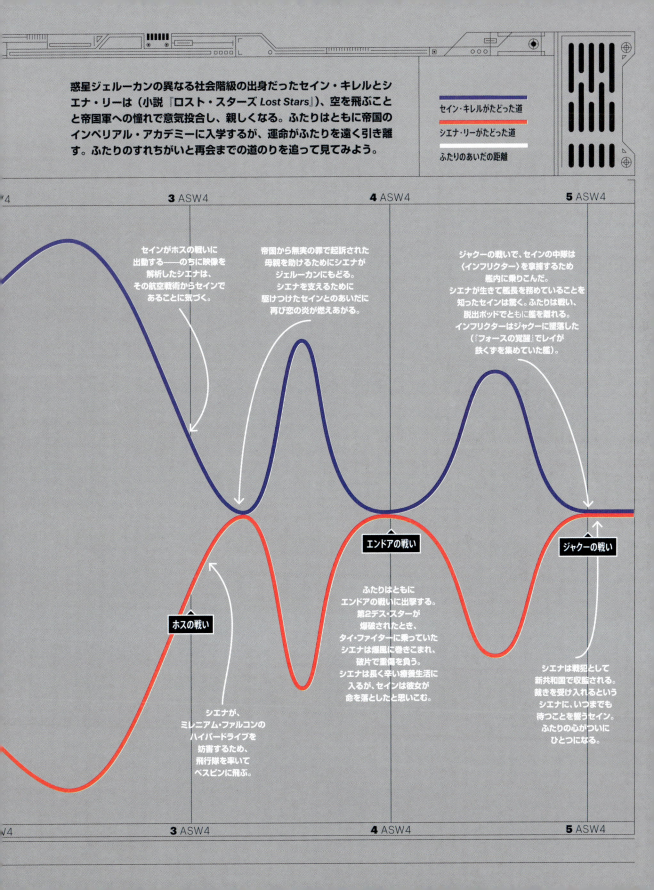

いす取りゲーム
ジェダイ最高評議会の席順

ジェダイ最高評議会はジェダイ・オーダーを代表する12名のジェダイ・マスターで構成され、元老院への助言をおこなった。本部はコルサントにあり、評議会は円形の会議室で開かれる。5名の永久メンバー、4名の長期メンバー、3名の短期メンバーによって構成される。

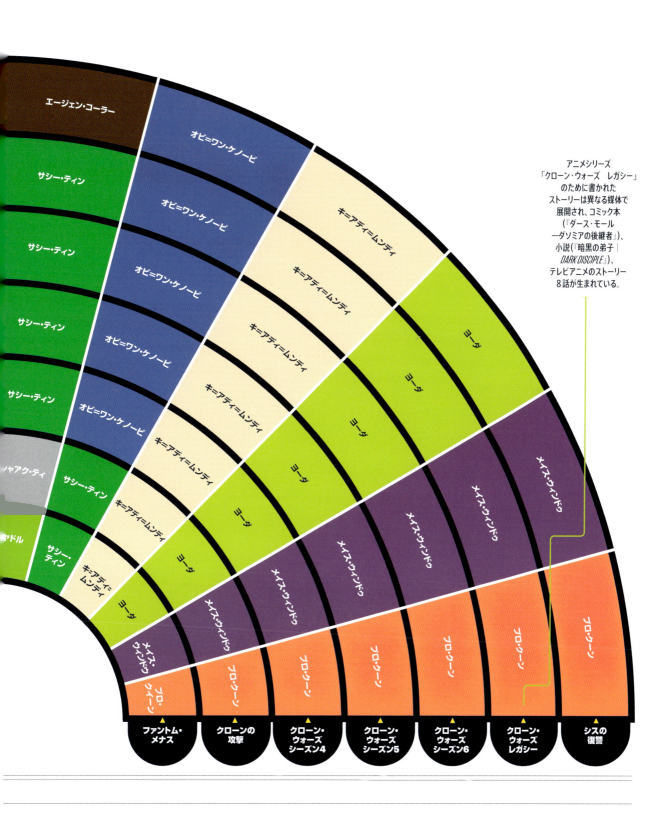

ジェダイ評議会はいくつあるか

指導者:
マスター・オブ・
ジ・オーダー

ジェダイ最高評議会

ジェダイ最高評議会は、
5名の永久メンバー、4名の長期メンバー、
3名の短期メンバーによって構成される。
ジェダイ・オーダーの最高統治機関。

配置転換に関する評議会

組織人事を担当し、ジェダイのサービス部門の
監督をおこなう。また、パダワンになることが
できなかったジェダイ候補生たちの配属や
就業を管理した（メンバー数不明）。

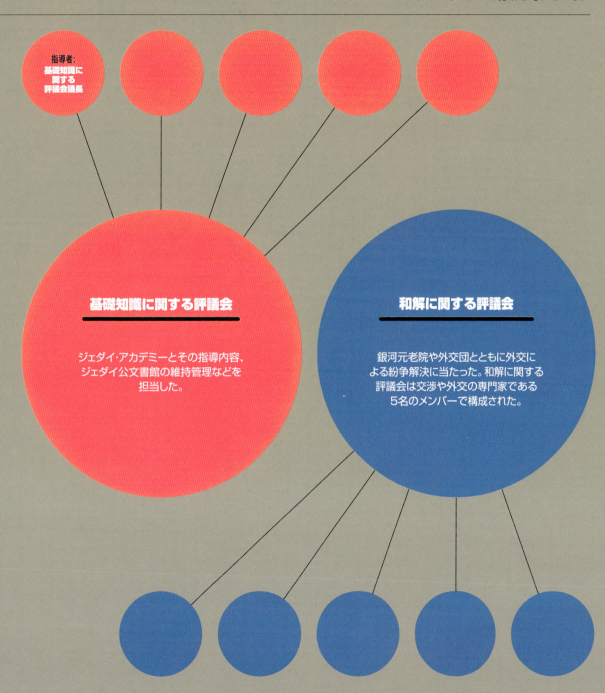

ローグ・ワンへの道

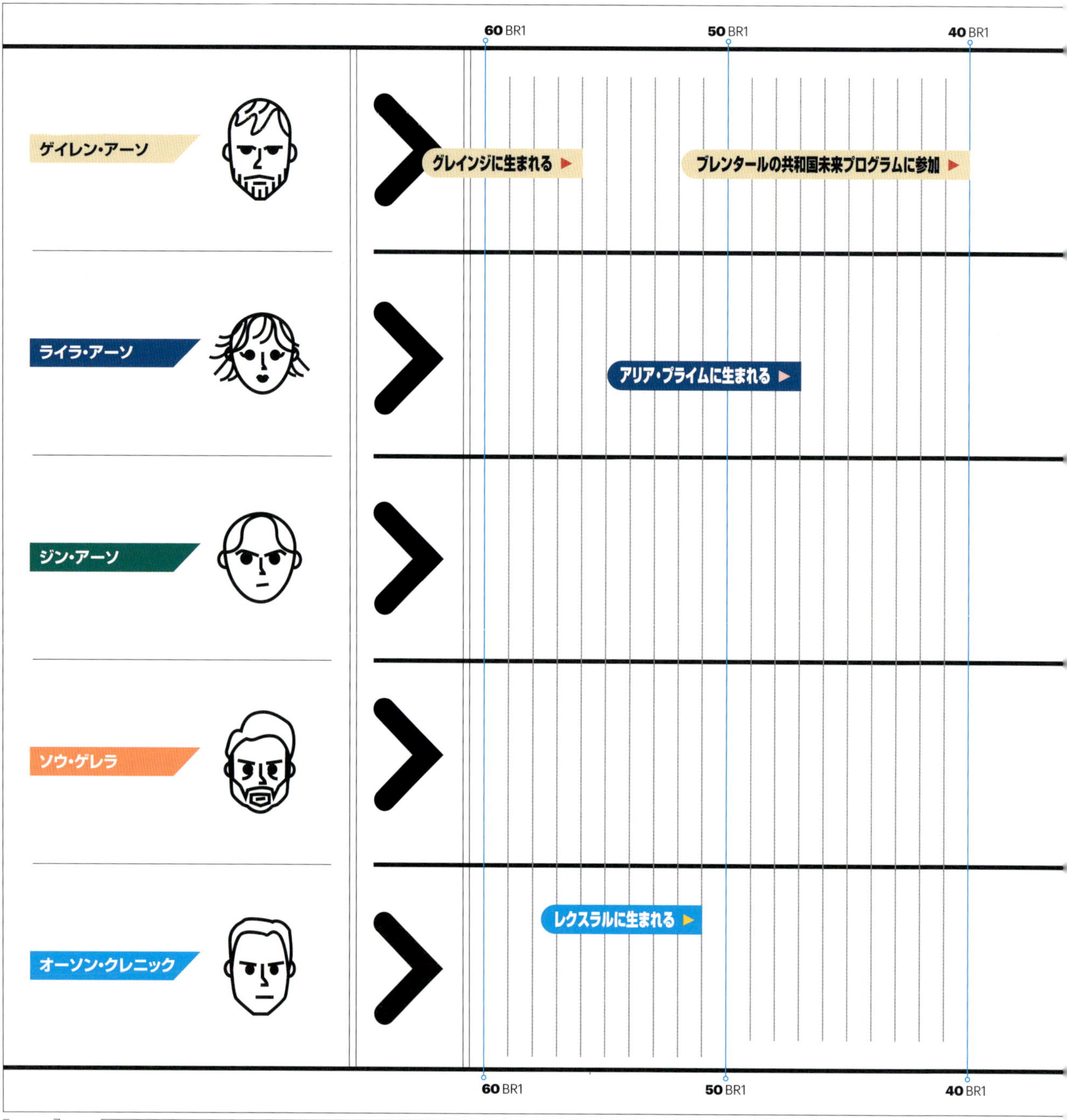

| | 60 BR1 | 50 BR1 | 40 BR1 |

ゲイレン・アーソ
> グレインジに生まれる ▶　　プレンタールの共和国未来プログラムに参加 ▶

ライラ・アーソ
> アリア・プライムに生まれる ▶

ジン・アーソ
>

ソウ・ゲレラ
>

オーソン・クレニック
> レクスラルに生まれる ▶

| | 60 BR1 | 50 BR1 | 40 BR1 |

ローグ・ワン結成に至るまでの主要キャラクターの生き方を追ってみよう。

BR1＝ローグ・ワンまでの年数

| 30 BR1 | 20 BR1 | 10 BR1 | 0 ローグ・ワン |

ゲイレン・アーソ
- ◀ オーソン・クレニックと出会う
- ライラと結婚 ▶
- クレニックに拉致される ▶
- コルサントから脱出する ▶

ライラ・アーソ
- ラドリグ大学に学ぶ ▶
- エスピナールでゲイレン・アーソと出会う ▶
- ジンを産む ▶
- クレニックに殺害される ▶
- ソウ・ゲレラの手引きでコルサントから脱出する ▶

ジン・アーソ
- ヴァルトに生まれる ▶
- 両親とともにコルサントへ移り住む ▶
- 両親とともにラムーへ脱出する ▶
- ソウ・ゲレラに救出される ▶
- 独力で暮らす ▶

ソウ・ゲレラ
- クローン大戦で戦う ▶
- 帝国に立ち向かう反乱組織を率いる ▶
- ラムーでジンを救出 ▶
- ジンの身を守るため、ジンを残して失踪する ▶
- ジオノーシスの調査任務を率いる ▶

オーソン・クレニック
- ◀ プレンタールの共和国未来プログラムに参加
- ◀ ゲイレン・アーソと出会う
- ゲイレンの居場所を突き止める ▶
- ゲイレンをスカウトする ▶
- 共和国の兵器開発に加わる ▶
- ジェダでデス・スターの試射をおこなう ▶

| 30 BR1 | 20 BR1 | 10 BR1 | 0 ローグ・ワン |

立場の逆転

運命の環が閉じるときがきた。別れたときの私はただの修行者だったが、いまではマスターだ。
——ダース・ベイダーがオビ＝ワンに

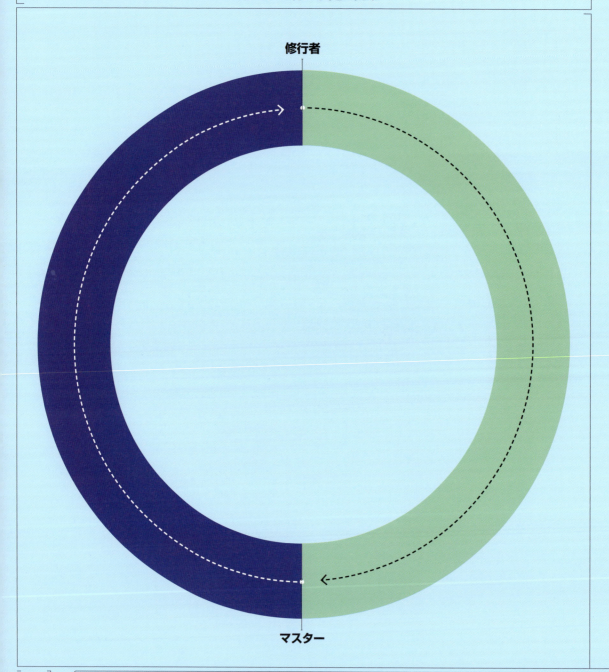

ひとつではなくふたつ

驚くべき身体機能を持つキャラクター

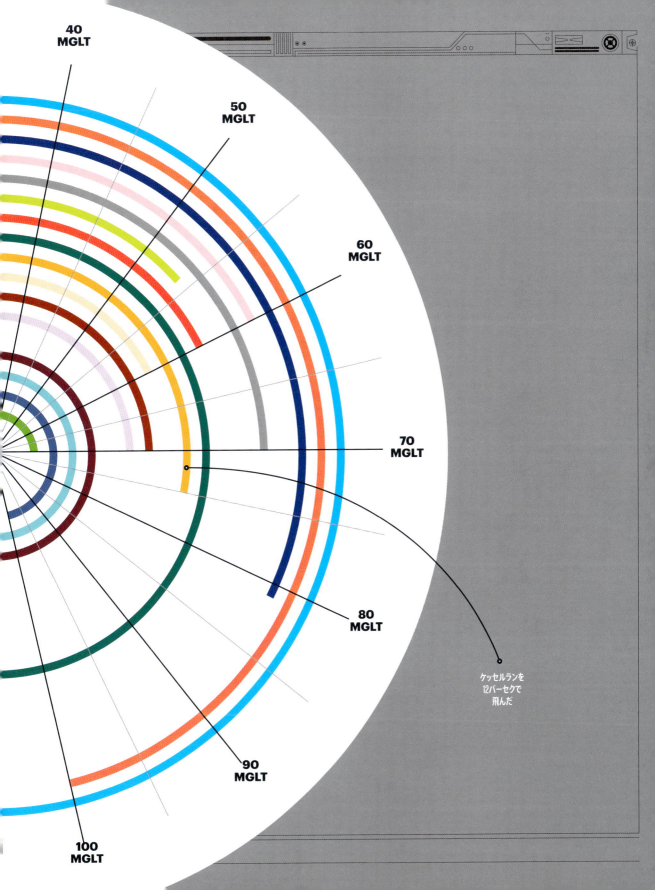

流れ流れて
ミレニアム・ファルコンの

歴代所有者

アンカー・プラットが
アーヴィング・
ボーイズから
盗み出す

惑星ジャクーで
レイが
アンカー・プラット
から盗み出す

ハンがレイから
取りもどす

レイと
チューバッカが
操縦して
スターキラー
基地から
ルークを
探しに行く

アーヴィング・ボーイズ

アンカー・プラット

レイ

ハン・ソロ

チューバッカとレイ

タイ・ファイターとは

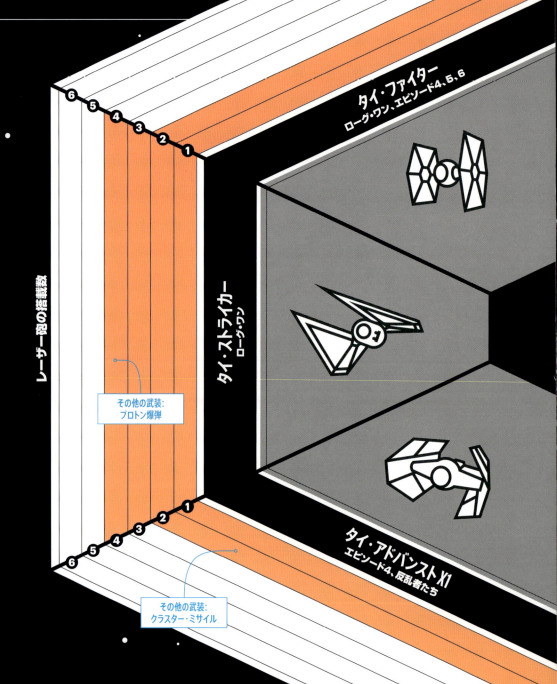

タイ・ファイター
ローグ・ワン、エピソード4、5、6

タイ・ストライカー
ローグ・ワン

その他の武装:
プロトン爆弾

レーザー砲の搭載数

タイ・アドバンスト X1
エピソード4、反乱者たち

その他の武装:
クラスター・ミサイル

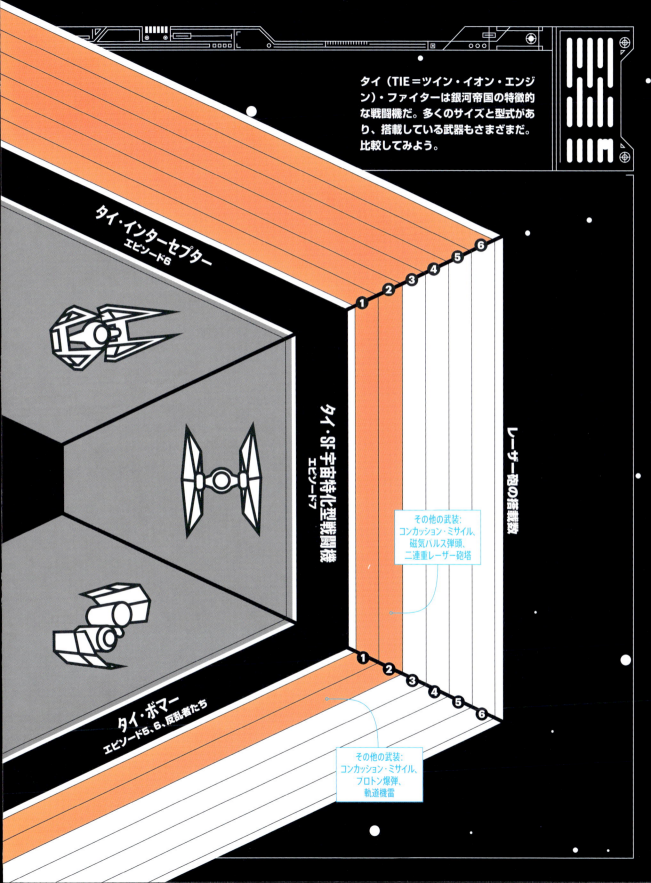

恐るべき超兵器
デス・スターの建設

BSW4『エピソード4／新たなる希望』より何年前か
ASW4『エピソード4／新たなる希望』より何年後か

設計図のホログラム
エピソード2、22 BSW4
ジオノーシスの戦い終結後、
ドゥーク―伯爵が
デス・スターの設計図を
ダース・シディアスに届ける

デス・スターの
建造に着工
エピソード2の後
惑星ジオノーシスの軌道上で
バトル・ステーションの
建造が開始される。

デス・スターの
骨組が完成
エピソード3、19 BSW4
エピソード3の終幕で、ダース・
シディアスが自分の艦から
建造工事の進捗状況をながめる。

カイバー・クリスタル
の収集
エピソード3の後、ローグ・ワン
帝国がデス・スターの
エネルギー源となるカイバー・
クリスタルをイラムやジェダなどの
惑星から大量に採掘する。

ヤヴィンの戦いから生還できた

| 結果 | △ 撃墜 | ▲ 生還 |

△ ゴールド・リーダー
ジョン・"ダッチ"・ヴァンダー

△ ゴールド2
デックス・タイリー

▲ ゴールド3
エヴァーン・ヴァーレーン
(レイアの養母ブレハ・オーガナの教え子)

△ ゴールド7

△ ゴールド8

△ レッド・リーダー
ガーヴェン・ドレイス

▲ レッド5
ルーク・スカイウォーカー

△ レッド6
ジェック・ポーキンス

△ レッド7
セロン・ネット

△ レッド11

△ レッド12

△ レッド13

△ レッド17

△ レッド18

△ レッド19

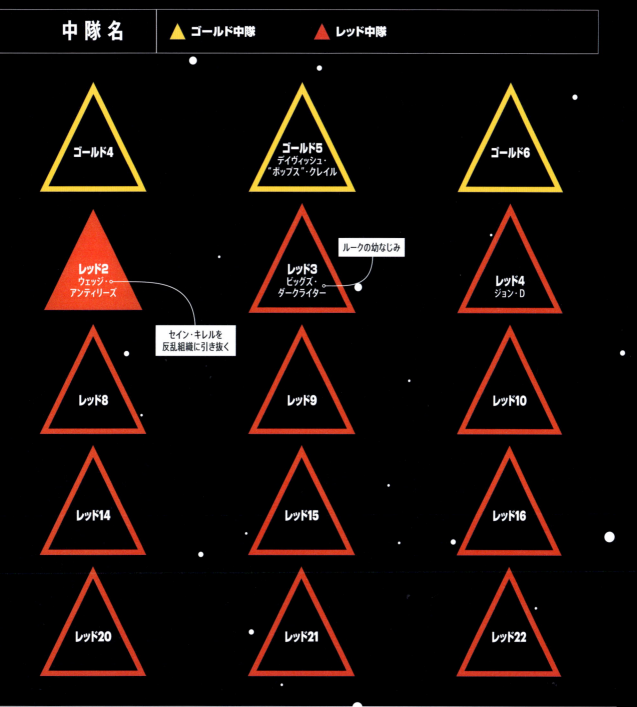

スター・ウォーズ解体新書

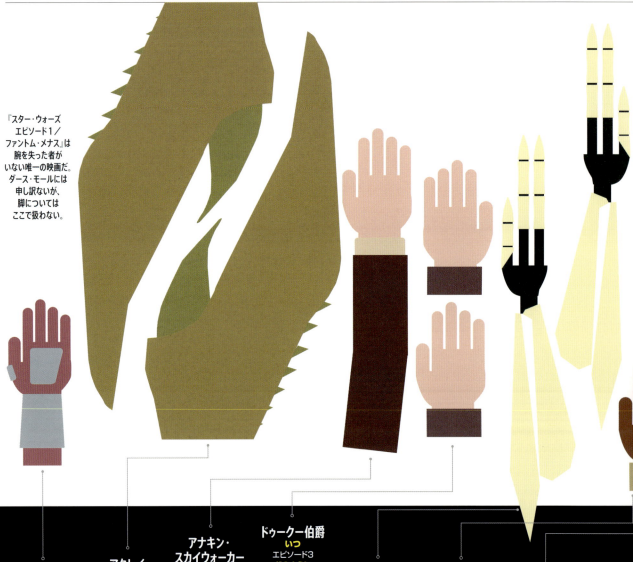

『スター・ウォーズ エピソード1／ファントム・メナス』は腕を失った者がいない唯一の映画だ。ダース・モールには申し訳ないが、脚についてはここで扱わない。

ザム・ウェセル
いつ
エピソード2
どのように
自由に姿を変えられる暗殺者だったが、バーでオビ＝ワンの背後に忍び寄ったときに手首を切断された。

アクレイ
いつ
エピソード2
どのように
ジオノーシスの闘技場で行われた戦いで、オビ＝ワンがアクレイの巨大な腕2本を切り落とし、とどめを刺した。

アナキン・スカイウォーカー
いつ
エピソード2
どのように
ジオノーシスの戦いののち、アナキンとオビ＝ワンがドゥークー伯爵を追う。オビ＝ワンは気絶させられ、アナキンはドゥークーに片腕を切り落とされる。

ドゥークー伯爵
いつ
エピソード3
どのように
アナキンとオビ＝ワンが再びドゥークー伯爵を追い詰める。オビ＝ワンはまたもや気絶させられるが、アナキンはドゥークーの両腕を切り落としたうえで斬首した。

グリーヴァス将軍
いつ
エピソード3
どのように
ライトセーバーを振りかざすサイボーグの4本の手のうち2本をオビ＝ワンが切り落とした。

メイス・ウィンドゥ
いつ
エピソード3
どのように
ダース・シディアスをかばったアナキンがウィンドゥの腕を切り落とす。シディアスはウィンドゥを窓から吹き飛ばす。

アナキン・スカイウォーカー
いつ
エピソード3
どのように
ムスタファーの戦いでオビ＝ワンはアナキンの片腕と両脚を切り落とす。

068

『帝国の逆襲』でルーク・スカイウォーカーが片手を失った場面は忘れられないものだ。
だが、他の登場人物が手や腕を失った場面をすべて思い出せるだろうか？
映画のなかの切断シーンをまとめてみよう。

登場人物のなかで
いちばん多く
敵の腕を
切り落としたのは
オビ＝ワンだ。
5つのキャラクターから
7本の腕を
切り落としている。

C-3POは
ライトセーバー以外
によって腕を失った
唯一のキャラクターだ。

C-3PO
いつ
エピソード4
どのように
R2-D2を探していた
C-3POは
タスケン・レイダーに
腕を切り
落とされる。

ポンダ・バーバ
いつ
エピソード4
どのように
モス・アイズリーの
酒場で銃を向けて
きたポンダの腕を
オビ＝ワンが
切り落とす。

ワンパ
いつ
エピソード5
どのように
ワンパに捕らえられた
ルーク・スカイ
ウォーカーは、
フォースを使って
危機を脱し、ワンパの
腕を切り落とす。

C-3PO
いつ
エピソード5
どのように
クラウド・シティで
アグノートが
C-3POを
バラバラにし、
手足を取り外す。

ルーク・
スカイウォーカー
いつ
エピソード5
どのように
クラウド・シティでの
戦いで、ダース・
ベイダーはルークの
片手を切り落とし、
自分がルークの
父であることを
明かす。

ダース・ベイダー
いつ
エピソード6
どのように
今度はルーク・スカイ
ウォーカーがダース・
ベイダーの手を切り落とすが、
自分の父親の命を
奪うことはできない。

C-3PO
いつ
スター・ウォーズ：
C-3PO*
どのように
大きな触手を持つ
猛獣に片腕を
もぎ取られた
C-3POは、
命と引き換えに
自分を救ってくれた
ドロイド、O-MR1の
赤い腕を付ける
ことに決める。

*映画ではなく、コミックでのエピソード。

R2-D2がたどった航路

小さな体で文字通り飛びまわってきたアストロメク・ドロイド。多くのジェダイから頼りにされてきたR2-D2は、銀河を股にかける活躍を見せている。

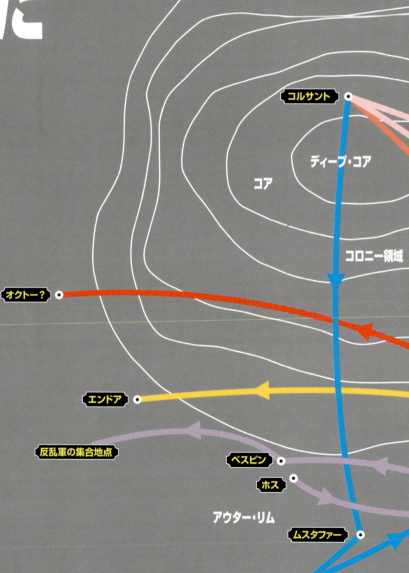

- エピソード1
- エピソード2
- エピソード3
- ローグ・ワン
- エピソード4
- エピソード5
- エピソード6
- エピソード7

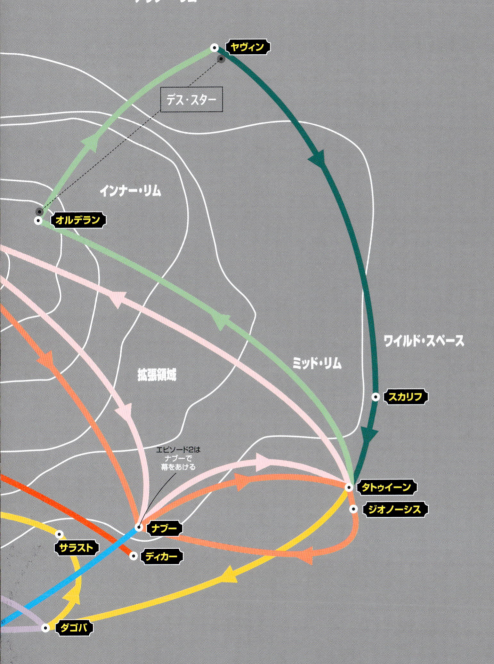

電源供給から外交まで
ドロイドの5つの等級

すべてのドロイドは5つの等級のいずれかに分類される（R2-D2も例外ではない）。

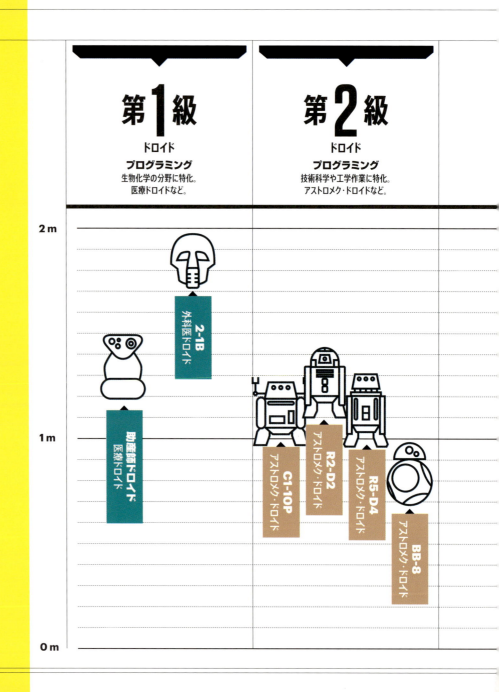

第1級ドロイド
プログラミング
生物化学の分野に特化。医療ドロイドなど。

第2級ドロイド
プログラミング
技術科学や工学作業に特化。アストロメク・ドロイドなど。

- 2-1B 外科医ドロイド
- 助産師ドロイド 医療ドロイド
- C1-10P アストロメク・ドロイド
- R2-D2 アストロメク・ドロイド
- R5-D4 アストロメク・ドロイド
- BB-8 アストロメク・ドロイド

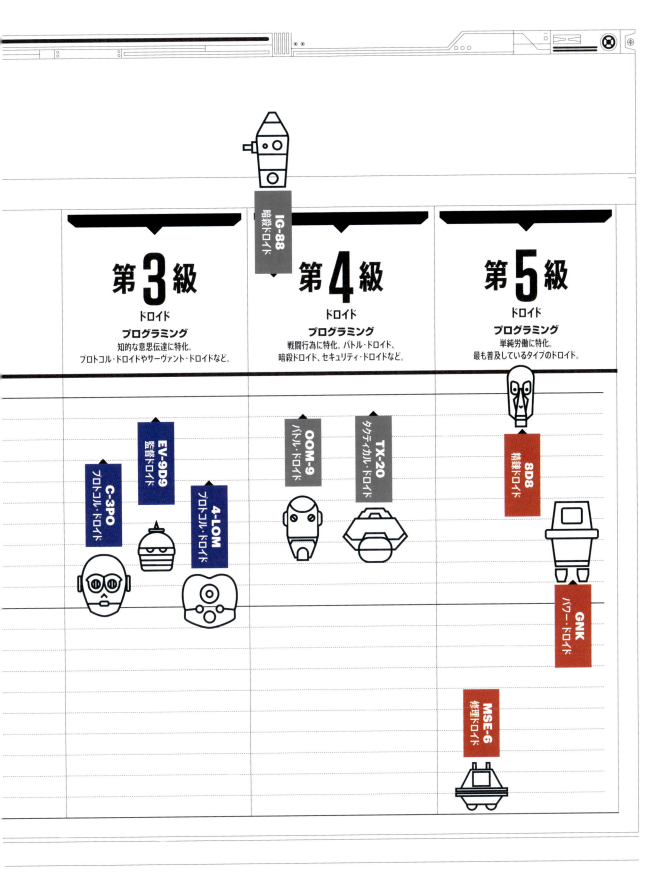

R2-D2の頭のなか

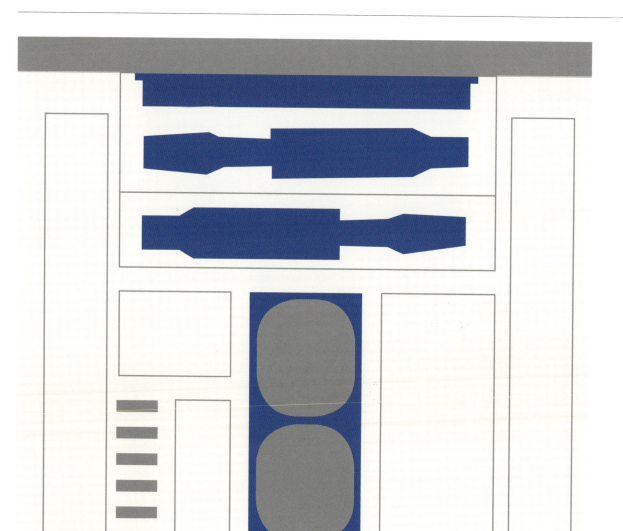

○ ピーッ
● ブーッ
● プピー

C-3POの頭のなか

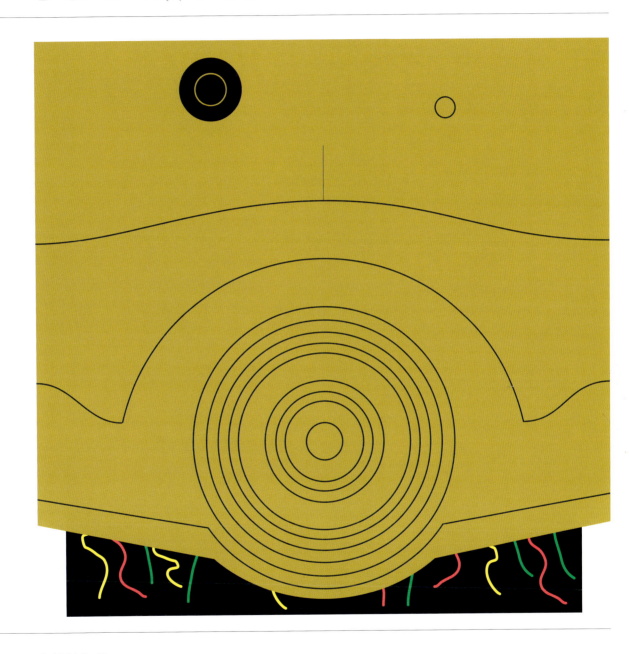

- 🟡 もうおしまいだ！
- ⚫ うわっ、なんてことでしょう
- 🟥🟨🟩 たいへんだ！

C-3PO: 小惑星帯を無事に通過できる確率はおよそ

3,720分の1でございます。

ドロイドの性格マトリックス

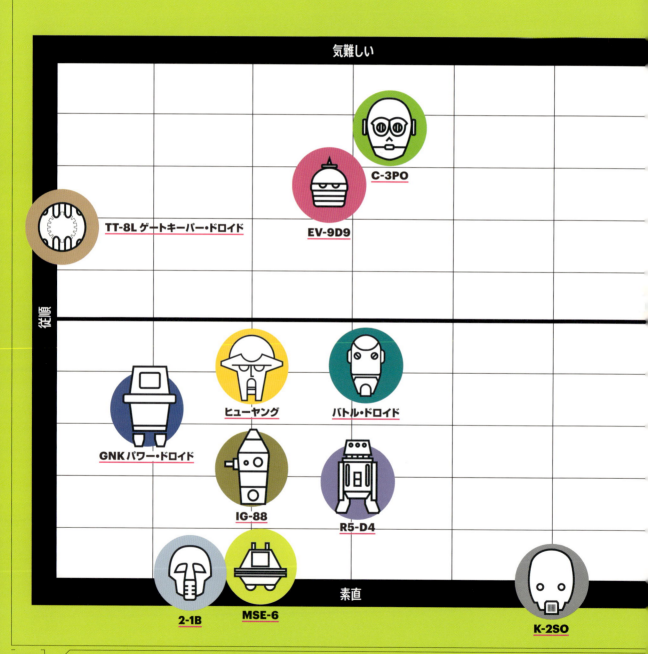

ドロイドの設定はすべて同じではない。
反抗的なドロイド（たとえばチョッパー）もいれば、
従順なドロイドもいる。

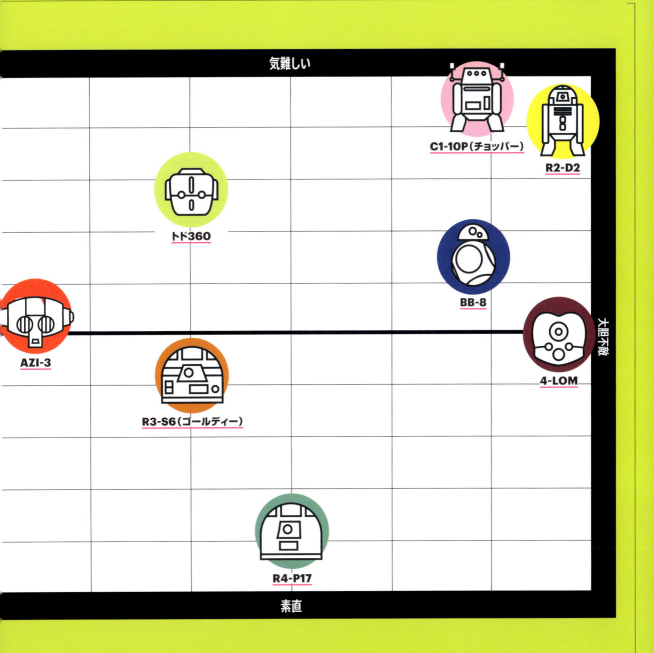

BB-8の移動方法

▫ ころがる
▪ 固定ケーブル

バトル・ドロイドの返事

■ ラジャー
■ ラジャー、ラジャー

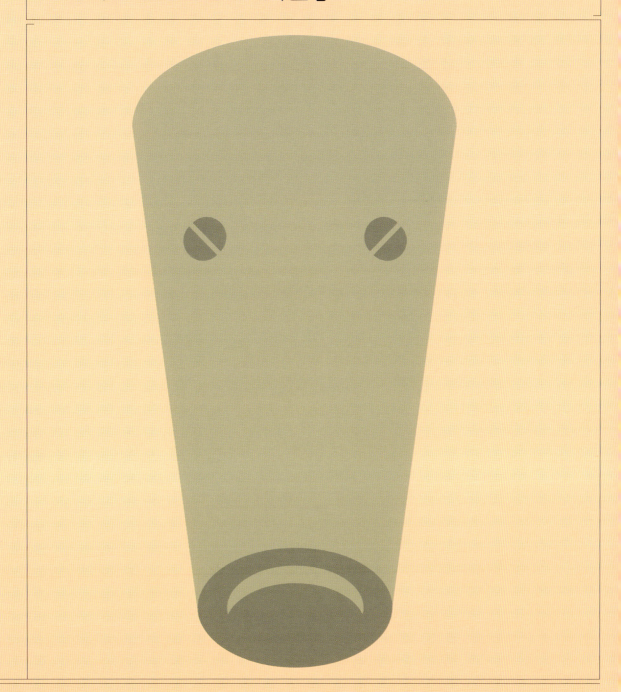

倒されたドロイドの嘆き

第二次ジオノーシスの戦い（クローン・ウォーズ）で最も多くドロイドを倒したジェダイ戦士。

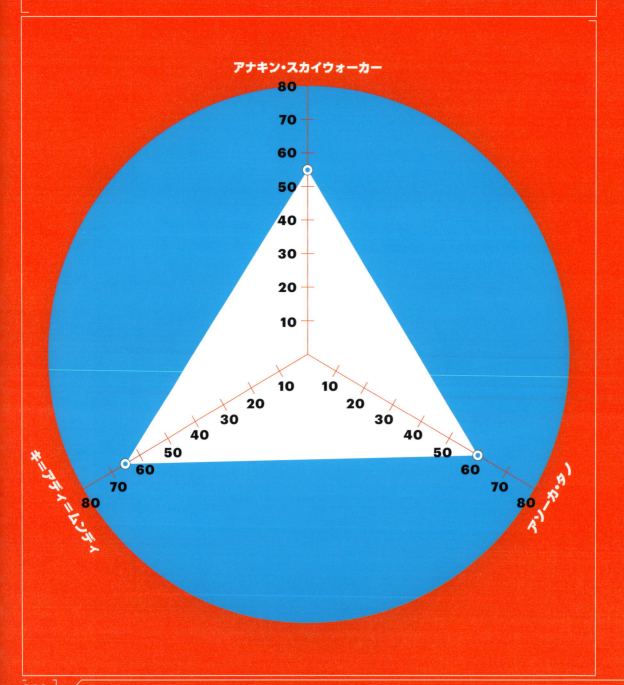

ダース・ベイダー

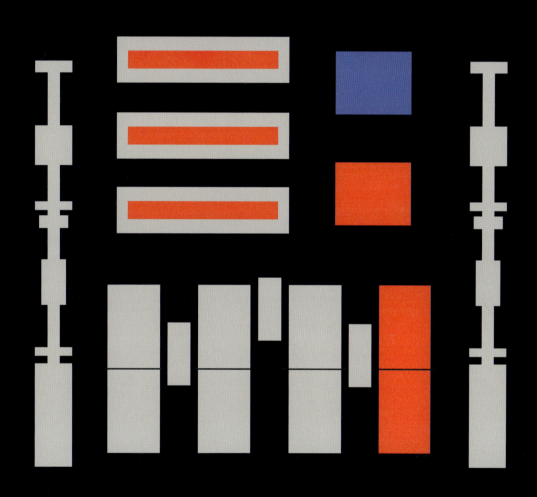

■ アナキンがクワイ＝ガン・ジンのライトセーバーを使っていた時間
■ アナキンが最初のライトセーバーを使っていた時間
■ アナキンが２本目のライトセーバーを使っていた時間
□ ダース・ベイダーが自分のライトセーバーを使っていた時間

反乱者たちの素顔

ケイナン・ジャラス

スペクター1

オーダー66を生き延びたジェダイ。
コードネームがスペクター1であるため、
AA帝国軍からはリーダーと思われている。

ヘラ・シンドゥーラ

スペクター2

トワイレック出身の女性。
コードネームはスペクター2だが、ゴースト号の
パイロットであり、チームのリーダーである。

C1-10P(チョッパー)

スペクター3

気難し屋のアストロメク・ドロイド。
ヘラがライロスの戦いのさなかに
戦場で見つけて再生させた。

「スター・ウォーズ　反乱者たち」に登場する宇宙船ゴーストのクルーのコードネーム

ガラゼブ・オレリオス

スペクター**4**

通称ゼブ。かつて惑星ラサンの儀仗兵隊長だった怪力のゼブは、わずかに生き残ったラサット族のひとりである。

サビーヌ・レン

スペクター**5**

惑星マンダロア出身の武器のエキスパート。母はマンダロリアンの過激派集団デス・ウォッチの一員だった。

エズラ・ブリッジャー

スペクター**6**

惑星ロザルに暮らす孤児だったが、14歳でゴーストのクルーに加わり、ケイナンのパダワンとなった。

ヘンなあだ名はイヤ

キャラクターたちの呼び名

親しみをこめたものもあれば、
意地悪なものもあるが、
さまざまなあだ名は物語に
遊び心を加えている。

年齢差から

おじいちゃん
(テラ・シヌーベ)

おじいちゃん
(アナキン)

小僧
(ルーク)

親しみをこめて

ハットスレイヤ
(ジャバ殺し)
(レイア)

スカイ兄さん
(アナキン)

オビー
(オビ＝ワン・ケノービ)

名前をもじって

レクスタ
(キャプテン・レックス)

アギー
(アガディーン)

アールツー
(R2-D2)

社会的身分から
- 大物くん（フィン）
- お姫さま（レイア）
- 姫君さま（レイア）

外見から
- シャイニー（新米クローン）
- スタッビー（R3-S6）
- 毛玉野郎（チューバッカ）
- ゴールデンロッド（C-3PO）
- ゴールディー（R3-S6）
- 緑の虫ども（ジオノーシアン兵士）
- ヘアレス・ハーピー（ツルツル女）（アサージ・ヴェントレス）

意地の悪いもの
- スティックティニー（ブリキ棒）（IG-100マグナガード）
- グランピー（おこりんぼ）（ドゥークー伯爵）
- グランピー（おこりんぼ）（グリーヴァス将軍）
- スティンキー（くさいやつ）（ロッタ・ザ・ハット）
- スニップス（しゃじゃ馬）（アソーカ）

語尾が長音のもの

侮辱同好会へようこそ
目で見る誹謗中傷の度合い

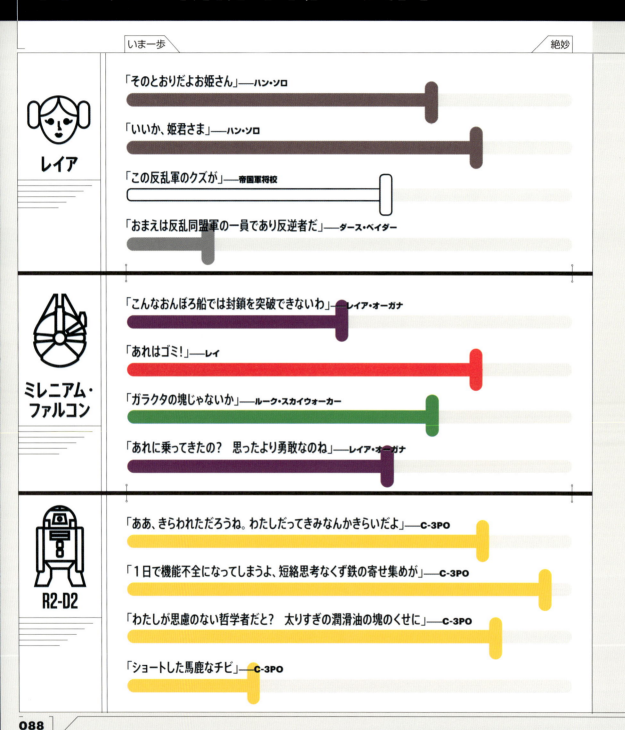

これらの6キャラクターは辛辣なことばを浴びせられることが非常に多い。どのことばがどれくらい傷つけたか、侮辱したのはだれだろうか。

- C-3PO
- レイア・オーガナ
- ハン・ソロ
- ランド・カルリジアン
- レイ
- ダース・ベイダー
- 帝国軍将校
- ルーク・スカイウォーカー
- オーウェン・ラーズ

いま一歩 ／ 絶妙

ハン・ソロ

「うぬぼれ屋で……まぬけな……むさ苦しい……ナーフ飼い！」——レイア・オーガナ

「あなたのようなレーザー頭の妄想には付き合ってられません」——レイア・オーガナ

「この下劣な裏切り者の能なし詐欺師め」——ランド・カルリジアン

ハン「力になる」 レイア「デス・スター以外で役に立った？」

オビ＝ワン・ケノービ

「力が衰えたな、老人め」——ダース・ベイダー

「大馬鹿者だな、自分で言ったことを忘れたのか」——ハン・ソロ

「あんな化石のようなじいさん、どこから掘り出したんだ」——ハン・ソロ

「あの魔術師はただのイカれた老人だ」——オーウェン・ラーズ

チューバッカ

「あの毛むくじゃらの獣め、わたしを殺す気か」——C-3PO

「どなたかこの大きな歩く絨毯をどかしてちょうだい」——レイア・オーガナ

「そこに飛びこむんだ、もじゃもじゃのでくのぼう」——ハン・ソロ

「ほくそ笑んでろ、この毛玉野郎が」——ハン・ソロ

銀河系で人気の侮辱語 " クズ(SCUM) "

抜群

- これ以上ないクズと悪党どものみすぼらしい巣窟だ
- お前もこれでおしまいだ、クズな奴隷小僧
- この分離主義者のクズを連れて行け
- 共和国のクズめ
- 裏切り者どもめが! クズめ! 見直したぞ、このおれを裏切るとは
- ジェダイのクズめ

凡庸

| オビ＝ワン・ケノービ | グリーヴァス将軍 | セブルバ | ホンドー・オナカー | トレンチ提督 | クローン・コマンダー・グリー |

ランキング

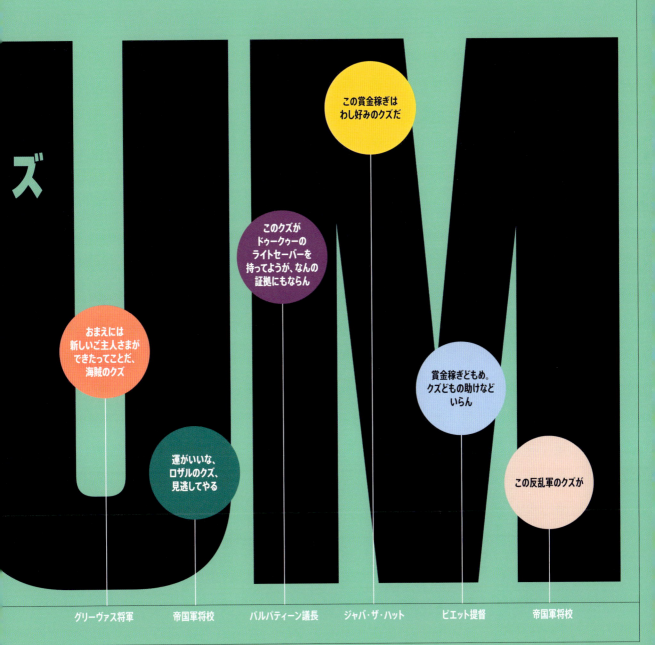

ジャバの宮殿に住まう悪党

- ランコア
- ボバ・フェット
- サレシャス・B・クラム
- ガモーリアン・ガード
- ビブ・フォーチュナ

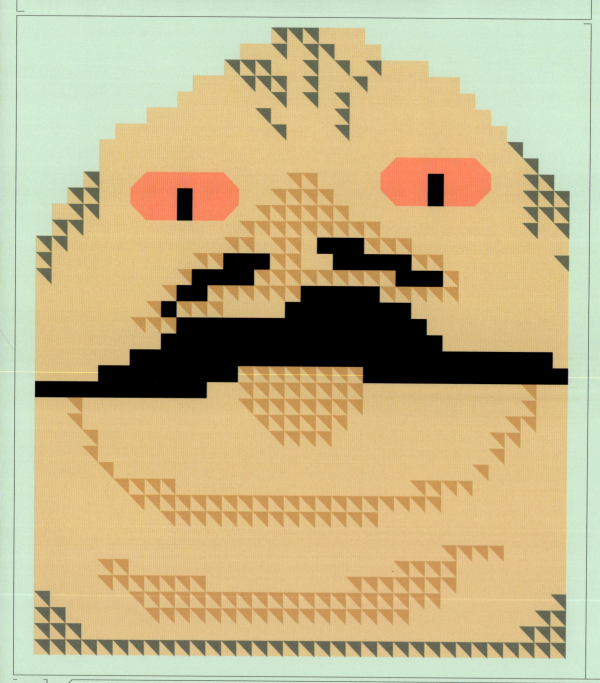

ジャワ族の商品

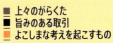
■ 上々のがらくた
■ 旨みのある取引
■ よこしまな考えを起こすもの

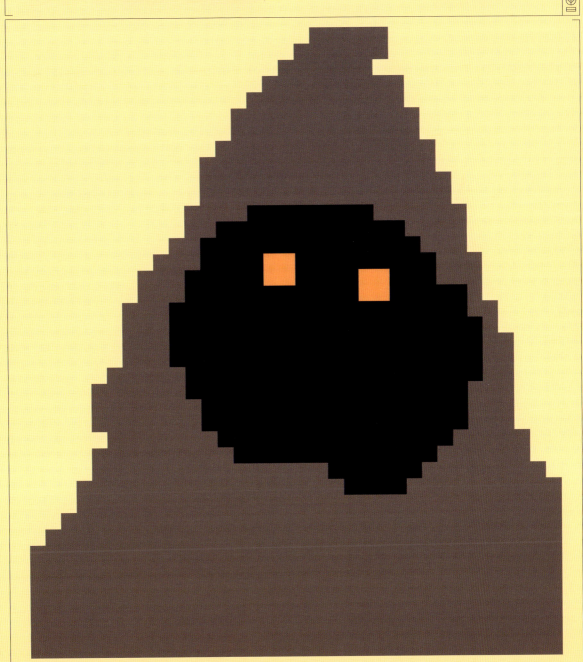

ティウレ一族の集い
ジャバ家のホームパーティー

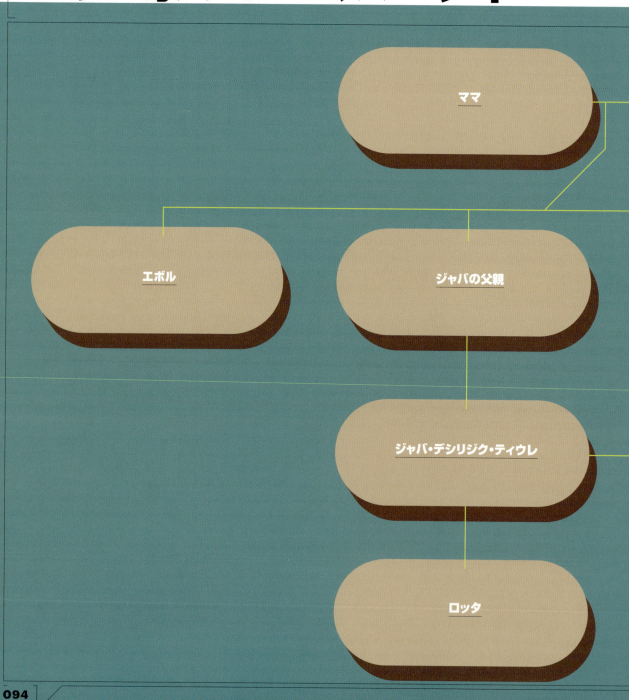

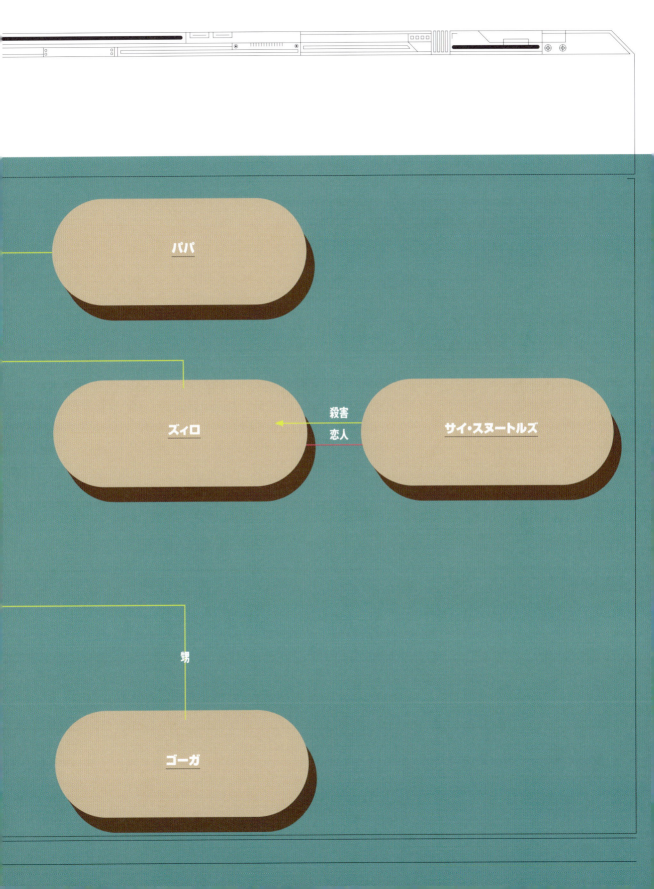

スローフード運動

サルラックの消化作用年表

30,000年
サルラックが
成熟しきるのに
かかる年数

「その体内で諸君らは1,000年以上の時をかけて
ゆっくりと消化されるため、苦痛と苦悩ということばの
新たな意味を知ることになるでしょう」
——C-3PO（ジャバ・ザ・ハットの発言を通訳）
1,000年が長く思えるのは、サルラックが成長するのにかかる年数を知るまでのこと。

1,000年
サルラックが体内の物を
消化するのにかかる年数
（ひと飲みにしたものを
生かしたまま……）

助けに行くよ
ウィズ・ア・リトル・ヘルプ・フロム・マイ・フレンズ

宇宙は危険に満ちている。多大なリスクがかならずしも報われるとはかぎらない。それでも窮地に陥った仲間を救おうと駆けつけてくる者（やグループ）はいる（成功するかどうかはともかくとして）。

== 救出ならず ==

救助する者

- アナキン・スカイウォーカー
- チューバッカ
- フィン
- ハン・ソロ
- ヨーダとクローン
- レイア・オーガナ
- ルーク・スカイウォーカー
- オビ＝ワン・ケノービ
- パドメ・アミダラ

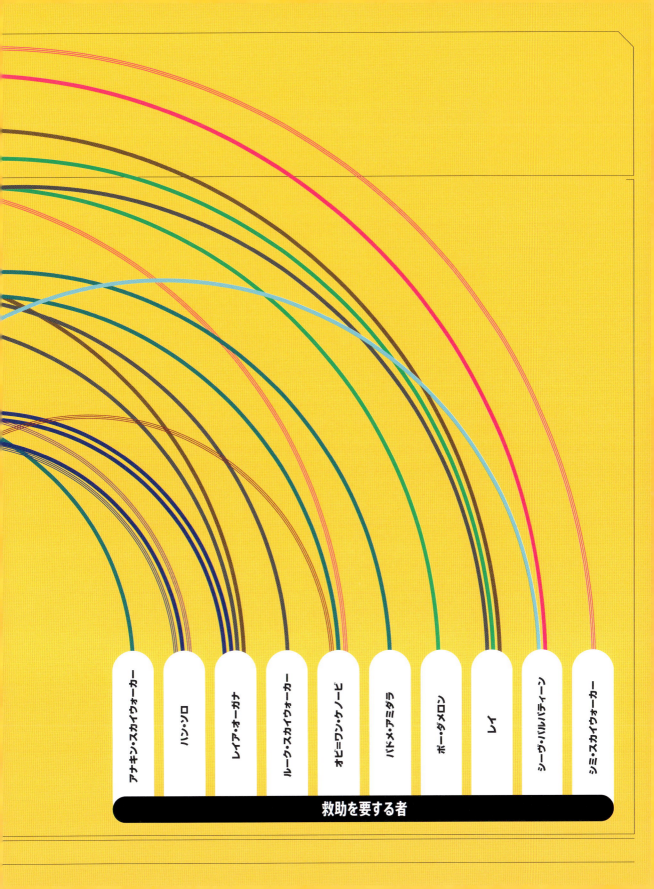

『帝国の逆襲』で、ルークが惑星ホスの凍てつく天候下に取り残されたとき……
R2-D2が告げた生存の確率は

725分の1

（ネタバレ:
ルークは
生き延びる）

悲劇的な結末

パドメ・アミダラ ─────────────────────────

オビ=ワン・ケノービ ──── サティーン・クライズ

シエナ・リー ──── セイン・キレル　　　　クインラン・ヴォス ────

シミ・スカイウォーカー ──── クリーグ・ラーズ

レイア・オーガナ ──────────── ハン・ソロ

ベイル・オーガナ ──── ブレハ・オーガナ

ケイナン・ジャラス ──── ヘラ・シンドゥーラ

ベルー・ラーズ ──── オーウェン・ラーズ

シャラ・ベイ ──── ケス・ダメロン

幸せに仲睦まじく

ライトサイド

悲劇的な結末

アナキン・スカイウォーカー

サイ・スヌートルズ ————— ズィロ・ザ・ハット

アサージ・ヴェントレス

星のめぐりに翻弄される恋人たち

ナブーより愛をこめて

すばらしいロマンティックなカップルたち

幸せに仲睦まじく

ダークサイド

シーン切り替えエフェクト全集

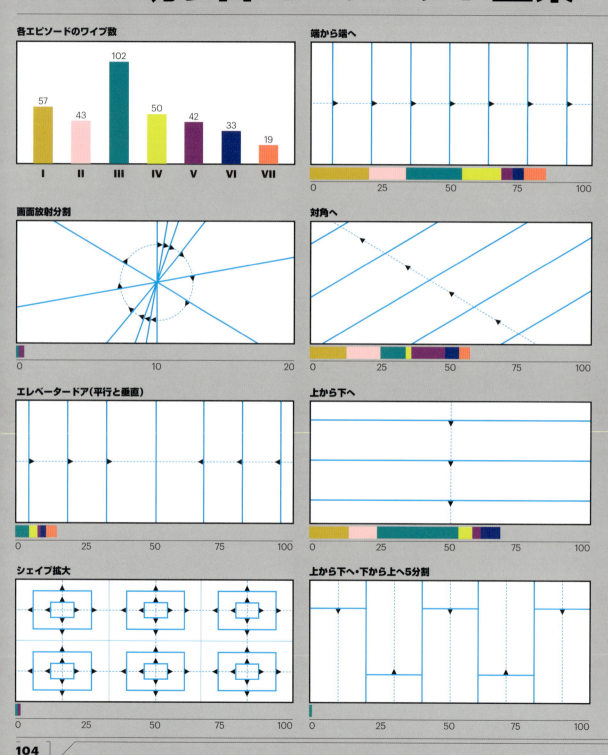

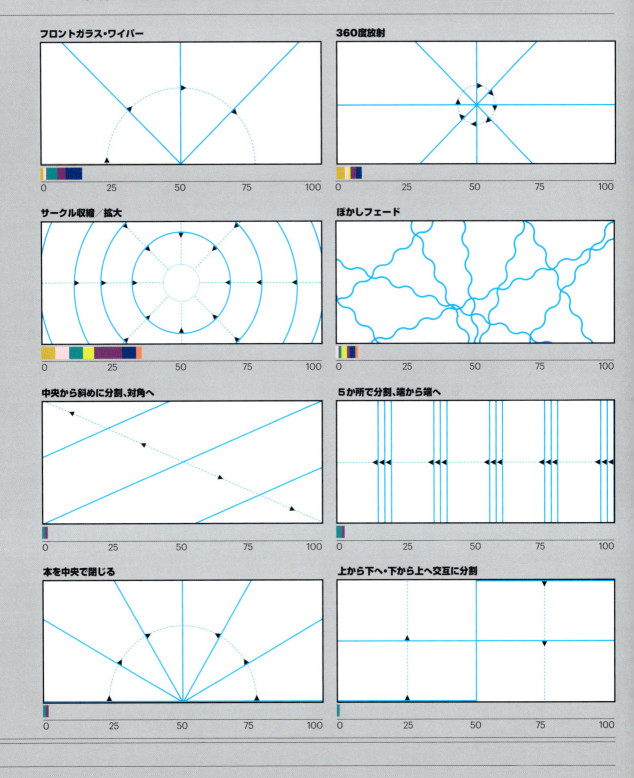

K-2SOの査定

ジンがキャシアンに向かって銃を撃つ確率。

「きわめて高い」

| ありえない | 低い | うたがわしい | 不確か | ありえる | 高い | 確実 |

ジェダイの伝説

ハン・ソロによる見解。

● 事実だ、全部。
● 事実ではない。

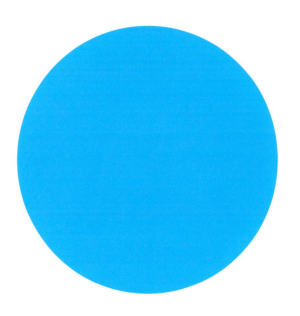

父親問題を表すベン図

寝返り、失踪、ときどき悲劇。スター・ウォーズ世界の父親は複雑だ。

両親から引き離された

フィン
父親：不明
幼少時にファースト・オーダーにより親元から連れ去られた。

レイ
父親：不明
幼少時にジャクーで置き去りにされた。

アナキン・スカイウォーカー
父親：不明
父親についてはいっさい知ることはなかった。

エズラ・ブリッジャー
父親：エフライム・ブリッジャー
7歳のときに帝国が両親を連れ去った。

ジン・アーソ
父親：ゲイレン・アーソ
9歳のときに母は殺され、父は捕らえられた。

ヘラ・シンドゥーラ
父親: チャム・シンドゥーラ
母の死後、父は家族よりライロス解放運動を優先させる。

根本的な不和による分裂

ルーク・スカイウォーカー
父親: アナキン・スカイウォーカー
生まれたときに父の目から隠されたルークはジェダイになり、シスへ寝返った父と戦う。負傷し倒れた父をルークはその腕に抱きかかえる。

レイア・オーガナ
父親: アナキン・スカイウォーカー
養父: ベイル・オーガナ
実の父に対抗すべく反乱軍を率いるが、その後、父の上官によって養父母が（オルデランもろとも）吹き飛ばされるのを目撃する。

カイロ・レン
父親: ハン・ソロ
父を殺害

ボバ・フェット
父親: ジャンゴ・フェット
メイス・ウィンドゥが父の首を切断するのを目の当たりにした。

父の死を目撃

父の完全なクローン

死、巧みな身のかわし、斬首
決闘の全勝敗結果

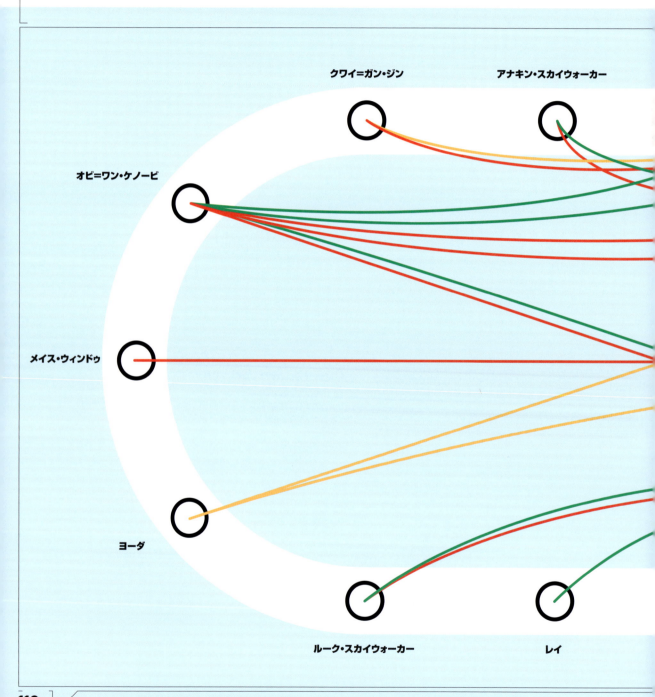

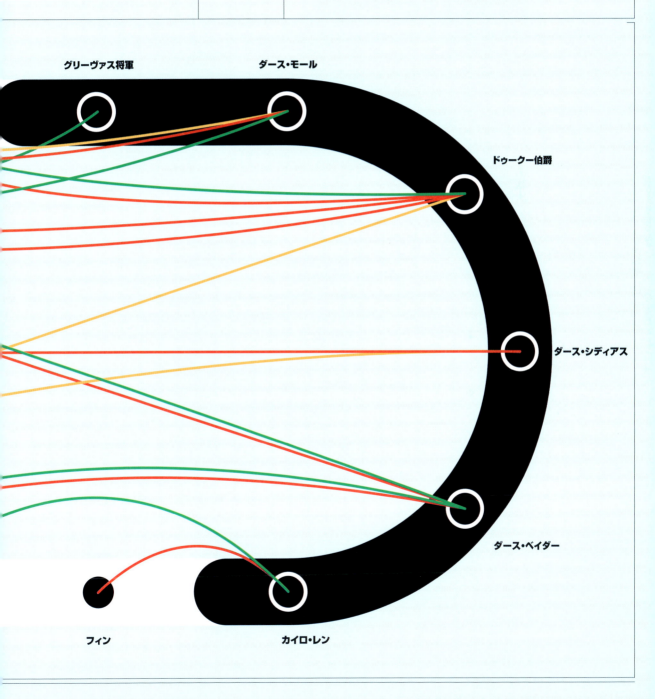

生死の分かれ目

お気に入りのキャラクターたちの人生が重なり合うとき。

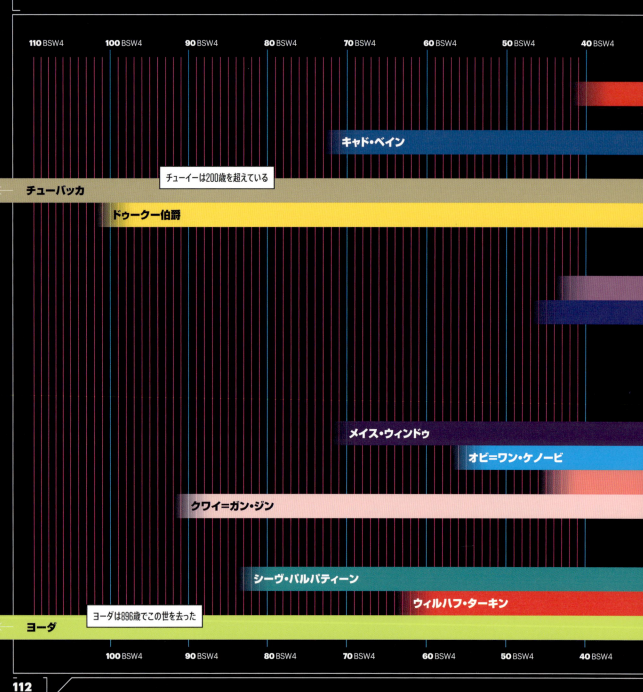

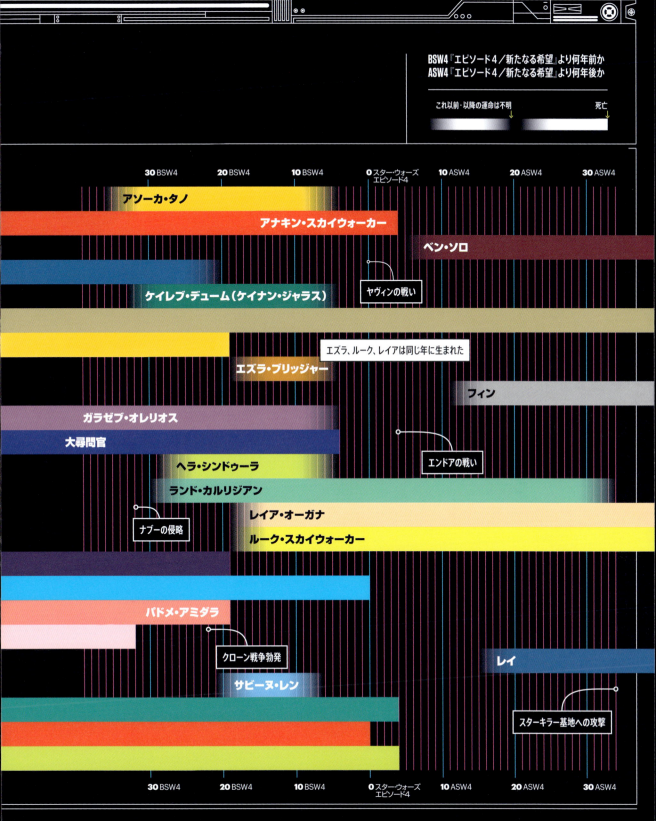

戦いの記録

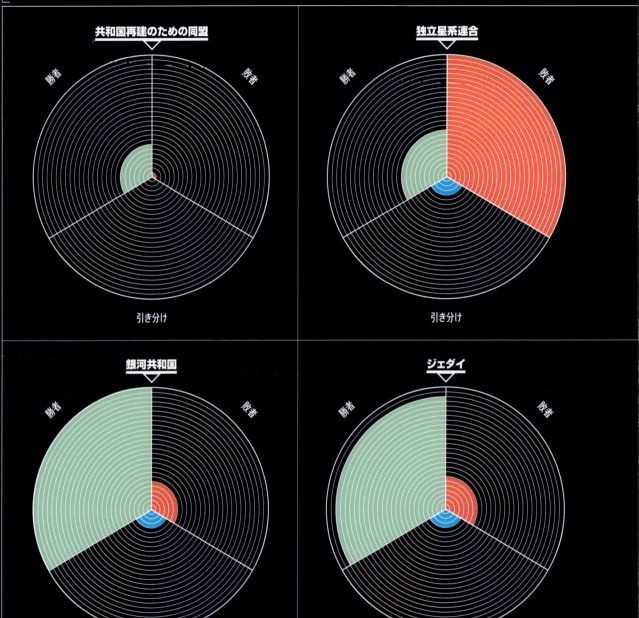

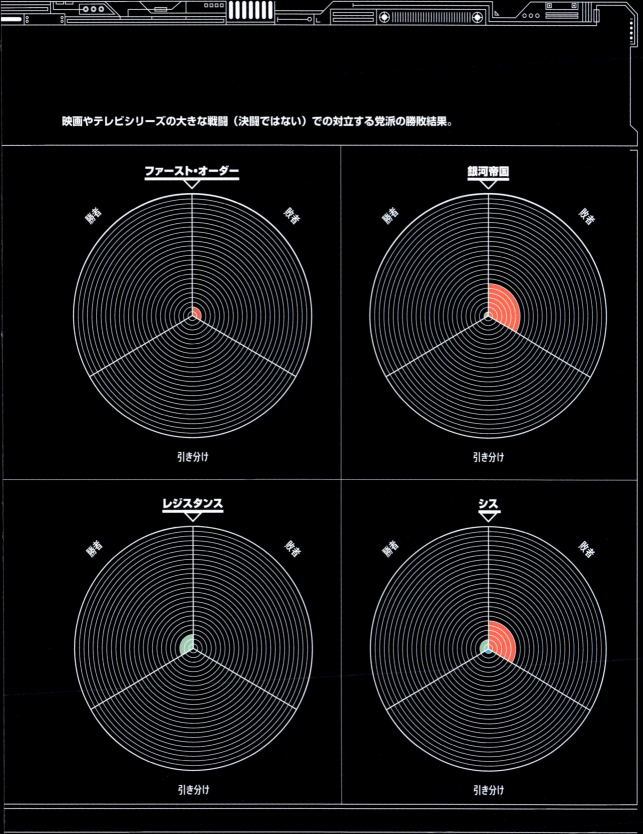

ヨーダ

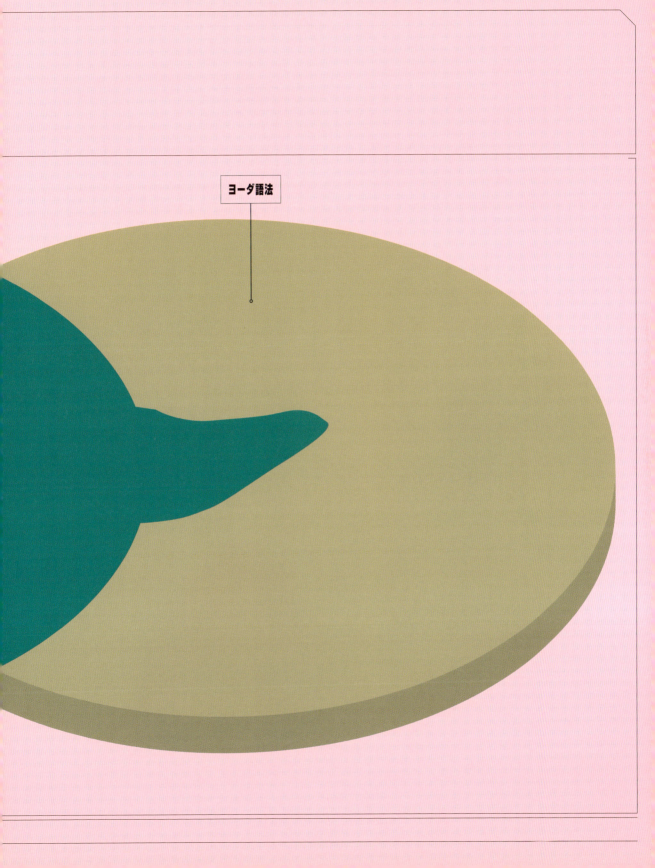

ライトサイド(の構成色)

反乱軍、レジスタンス、ジェダイ

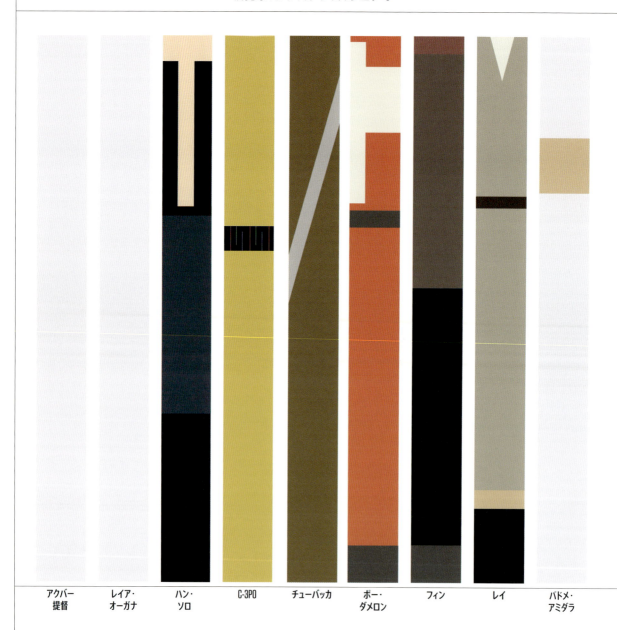

アクバー提督 / レイア・オーガナ / ハン・ソロ / C-3PO / チューバッカ / ポー・ダメロン / フィン / レイ / パドメ・アミダラ

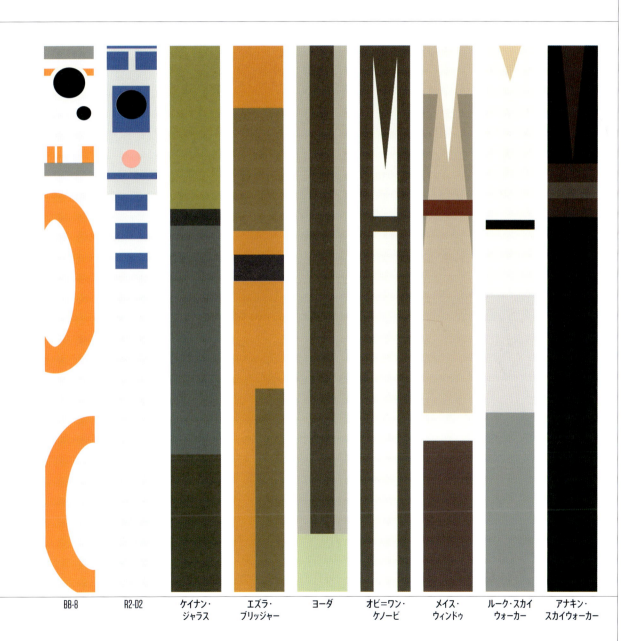

BB-8　R2-D2　ケイナン・ジャラス　エズラ・ブリッジャー　ヨーダ　オビ=ワン・ケノービ　メイス・ウィンドゥ　ルーク・スカイウォーカー　アナキン・スカイウォーカー

ダークサイド(の構成色)

帝国軍、ファースト・オーダー、シス

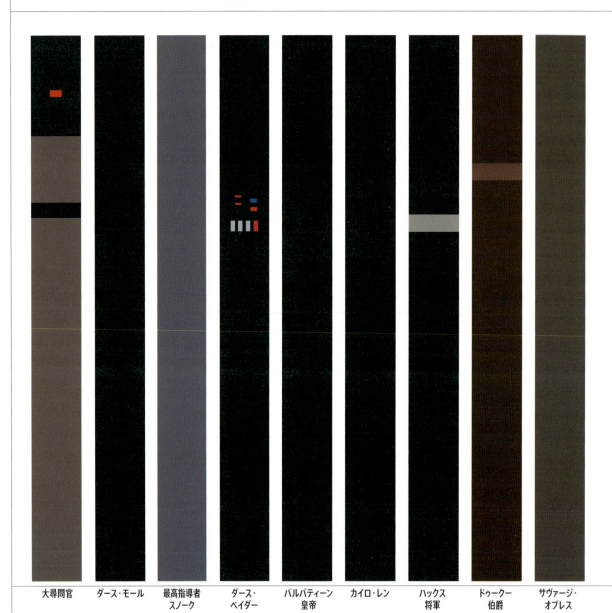

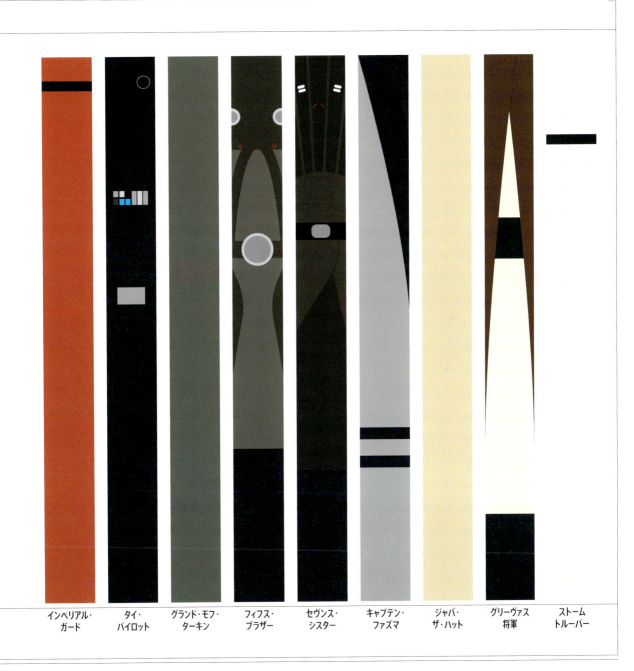

ダークサイドへ至る道

「恐怖はダークサイドへ至る道。恐怖は怒りに通じる。怒りは憎しみに通じる。憎しみは苦しみに通じるのだ」——ヨーダ

恐怖 / 怒り / 時間

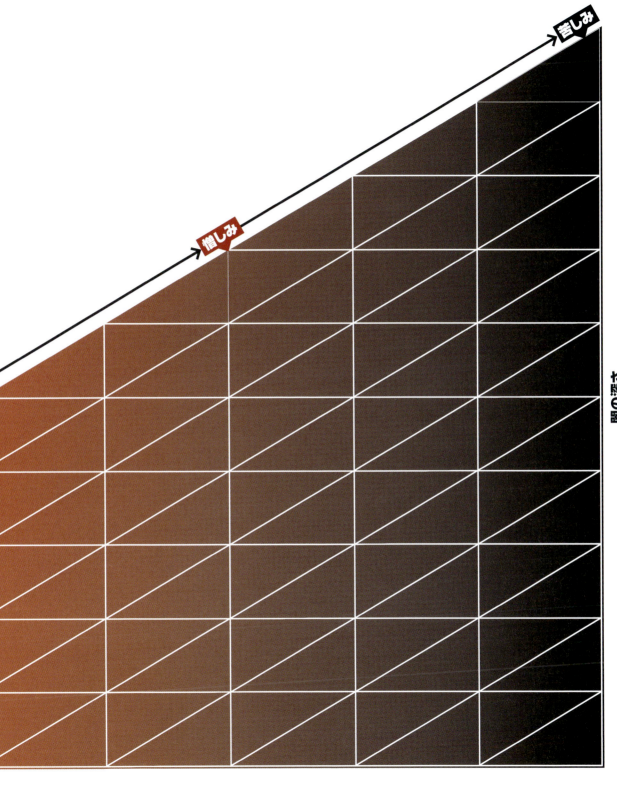

理想の仲良しグループ
ストームトルーパーの命令系統

圧倒的多数の軍勢をもとに築きあげた力によって、
帝国は銀河系一帯の支配を維持している。

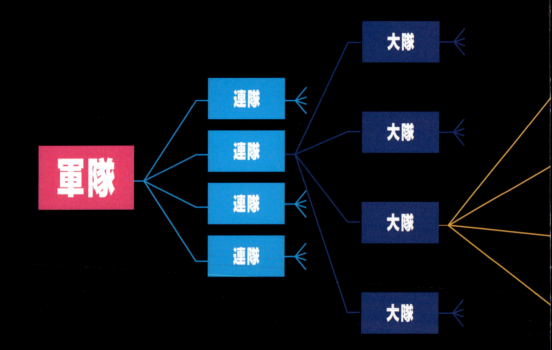

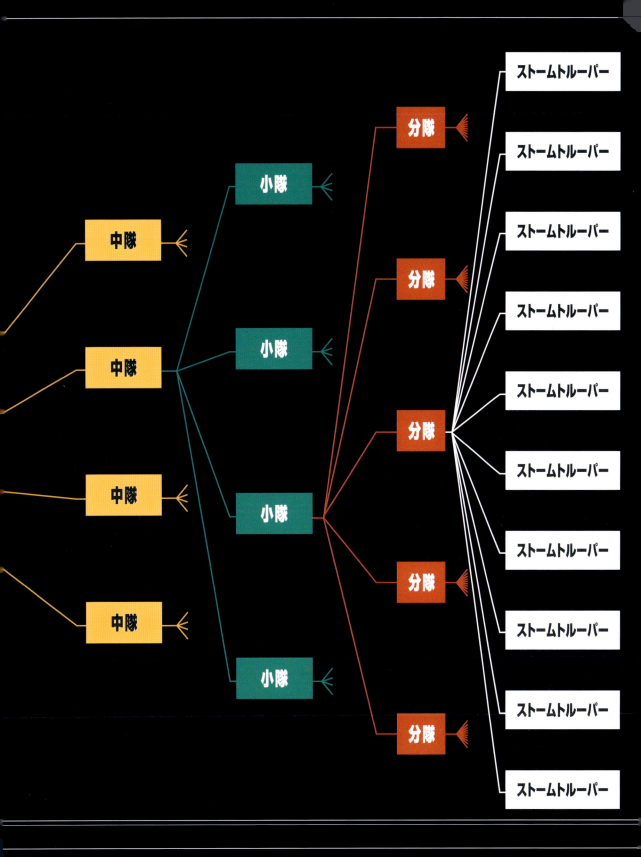

"あれは月じゃない"

惑星破壊兵器の大きさを直径で見比べる。

デス・スター
『新たなる希望』

ちなみに、
ミレニアム・ファルコンは
この点の3分の1の大きさ

スターキラー基地
『フォースの覚醒』

一度ならず二度までも

これらの大量破壊兵器には共通点がある。それは設計上の欠陥のみではない。

スターキラー基地
『フォースの覚醒』

ファースト・オーダーが建造

ひとつの星系を丸ごと破壊

ひとつの惑星を丸ごと破壊

ハン・ソロが地上部隊を率いて無力化する

設計上の欠陥

攻略ポイントあり

反乱軍に設計図を盗まれる

帝国が建造

反乱軍を罠にはめるため、偽の設計図を与える

デス・スター
『新たなる希望』

第2デス・スター
『ジェダイの帰還』

「イウォーク・セレブレーション(ヤブ・ナブ)」

視覚的に表わした「ヤブ・ナブ」(『ジェダイの帰還』のオリジナルエンディングで使用されたイウォーク族の歌)の歌詞。

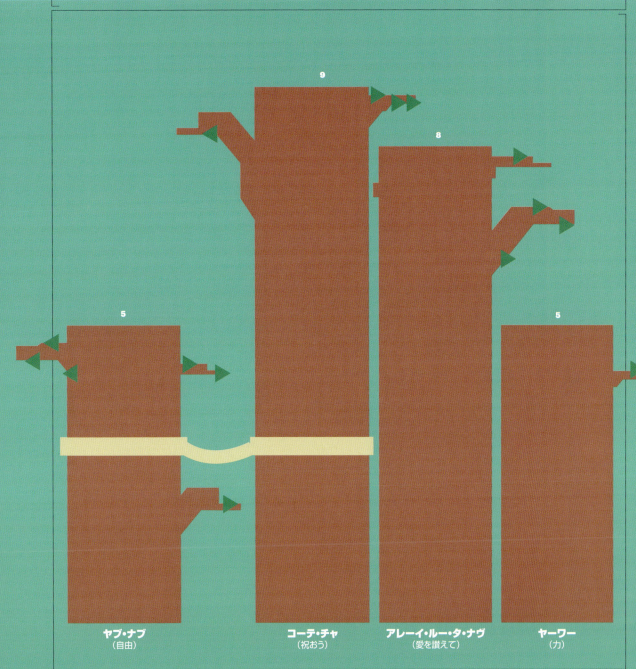

ヤブ・ナブ（自由）　コーテ・チャ（祝おう）　アレーイ・ルー・タ・ナヴ（愛を讃えて）　ヤーワー（力）

おしゃべりはやめて、そのぶん取引しよう
ランドの大口取引リスト

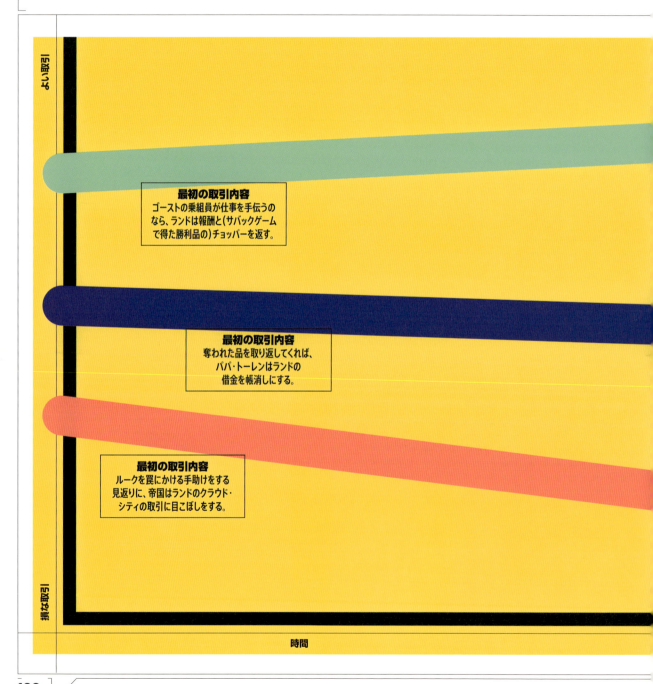

実業家を自称するランドは、いかがわしい取引もお手のものだ。
映画やコミックやテレビシリーズで、ならず者のランドが
立てた計画はこのような結末を迎える。

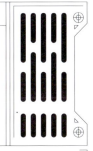

修正された取引内容
ゴーストの乗組員たちはライバルの
アズモリガンを打ち負かし、
バファー・ピッグを手に入れる。
ランドはバファー・ピッグを採掘作業の
拡張に利用した。約束した額は
支払われなかった。

修正された取引内容
トーレンはランドの借金の
10パーセントしか帳消しにしなかった。
ランドが豪華船を調達してくるなら、
すべての借金を棒引きにすると
申し出る。ランドは船を奪ってくるが、
あとになって皇帝が所有する
船だと知る。

この取引は
いつも悪い方へ
向かう

修正された取引内容
レイアとチューバッカは
クラウド・シティで足止めされ、
ランドはハンの凍結した体を
ボバ・フェットに
渡さなければならない。

そこに隠れているもの

第一印象は重要だ。
これらのキャラクターが正体を明かすまでにかかった時間は以下のとおり。

● オビ＝ワンとクワイ＝ガン ● アミダラ女王 ● オビ＝ワン ● ブーシ ● ダース・ベイダー ● フィン ● レイ ● カイロ・レン

5時間52分44秒

7分47.27秒

貴重な積み荷

- ▲ タイ・ファイター　**55%**
- ▲ AT-ST／AT-DPウォーカー　**22%**
- ▲ AT-ATウォーカー　**15%**
- ▲ インペリアル・トループ・トランスポート（帝国軍兵員輸送機）　**11%**
- ▲ ラムダ級T-4aシャトル　**6%**

インペリアルI級スター・デストロイヤーには多くの戦闘機が搭載されている。

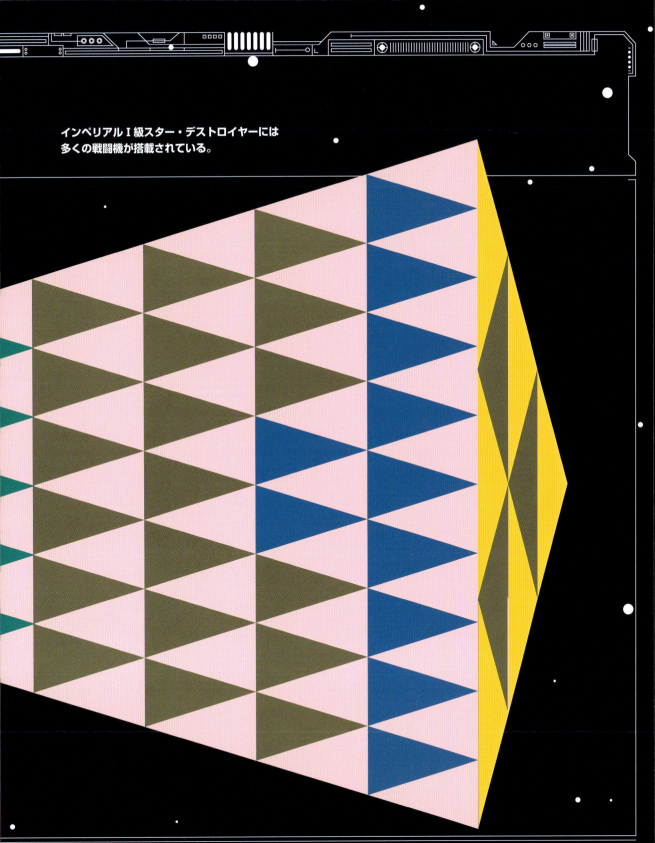

つねにやつらはふたり

カイロ・レンを引きつけるもの

□ ダークサイド
■ 光

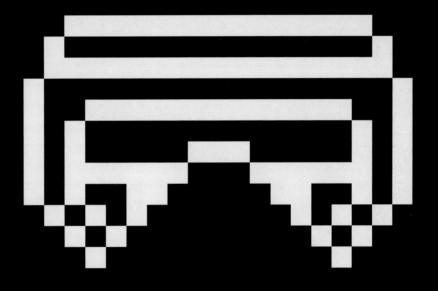

ストームトルーパーのユーティリティ

ストームトルーパーは何を携帯しているのだろう。端から見てみよう。

リストバインダー
（手錠のようなもの）

ブラスターパワーパック
E-11ライフル用

ブラスターパワーパック
E-11ライフル用

ベルト

ブラスターパワーパック
E-11ライフル用

電子ロック
スクランブル装置／デスクランブル装置

サバイバルキット
（グラップリング・フック込み）

C1ミリタリー
コムリンク

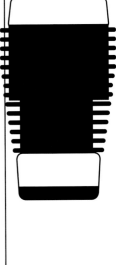

レイア姫に言わせると、グランド・モフ・ターキンの統治方針は

こぶしを握り締めれば握り締めるほど

多くの星系が指のあいだをすり抜けていく

ウォーク・ディス・ウェイ
進行方向でささやかに示される、大惨事の暗示について

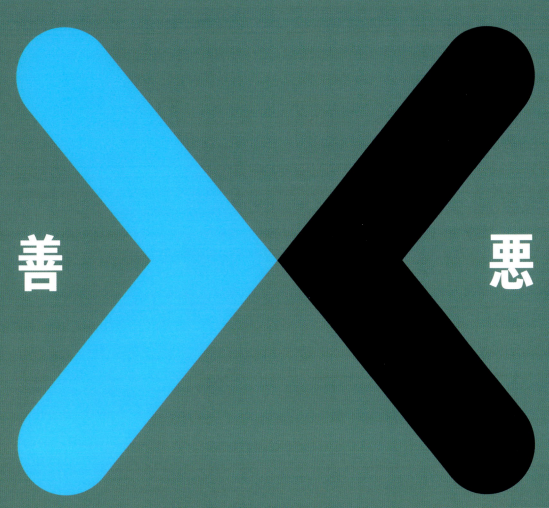

善

悪

映画では、善人はスクリーンの左から登場し、右へ移動するという歴史的背景がある。横書きの文章を読む場合だけでなく、われわれの脳はその動きを自然なものとして処理する。

『クローン・ウォーズ』と『クローンの攻撃』の戦闘シーンで、クローントルーパーはほとんどの場合、右から左へ移動する。これは寝返り、すなわちジェダイの処刑実行を予示する伏線だ。

ジェダイが望むもの

「冒険。興奮。ジェダイはそんなものを望んではおらん」——ヨーダ

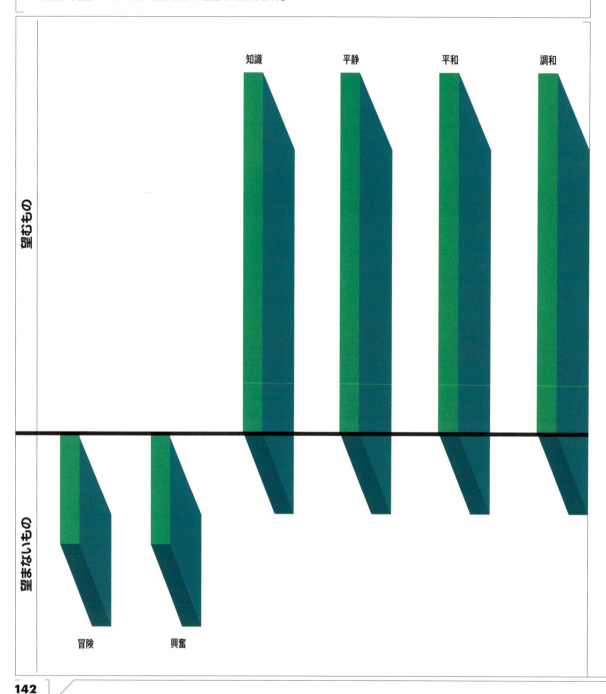

ケープの着こなし比較 由緒正しき装いのランキング

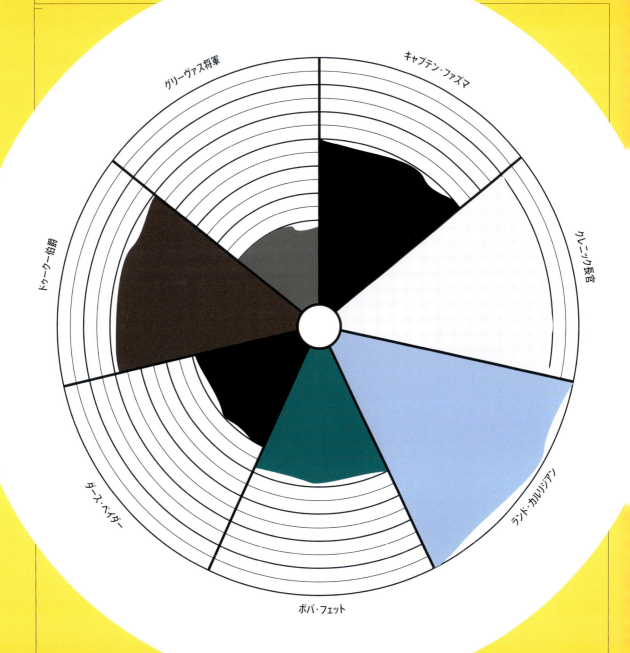

フォースの強い家系なんだ
スカイウォーカー家の系譜

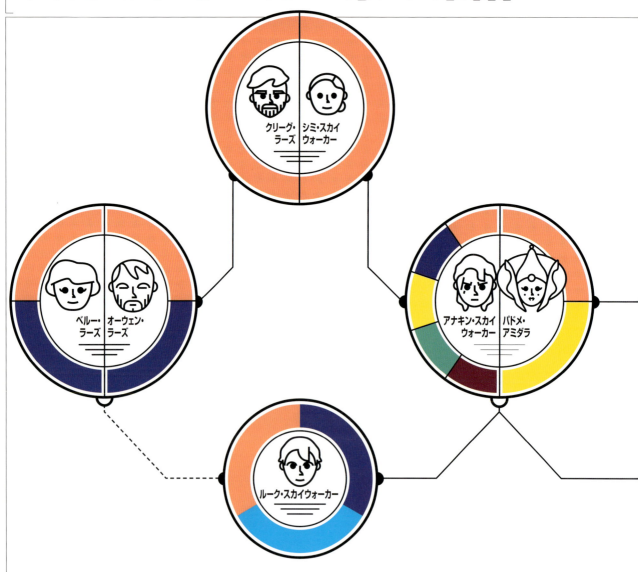

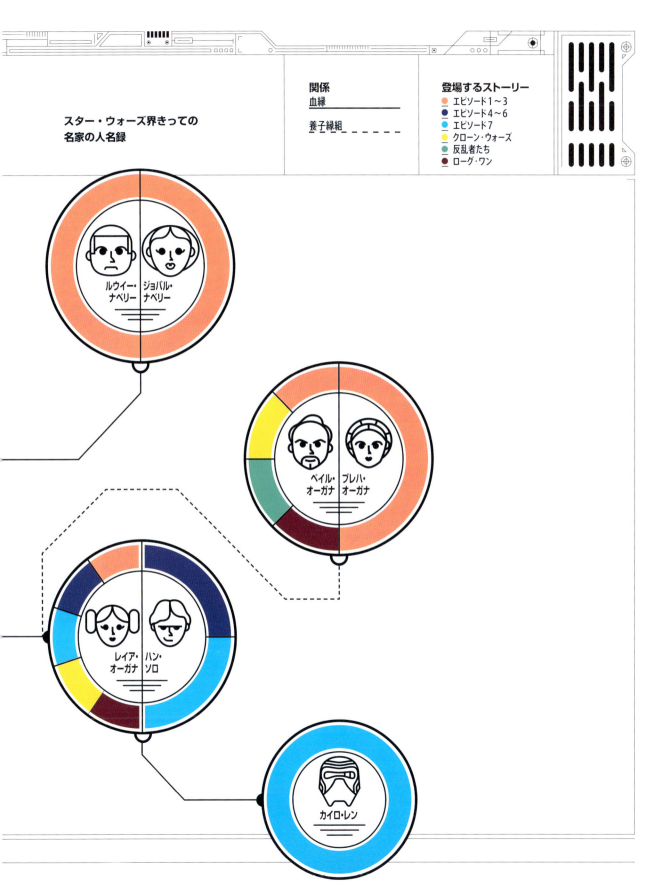

ブーンタ・イヴ・クラシック

アナキンがついに1位を獲得し、晴れて自由の身となったポッドレースの最終結果

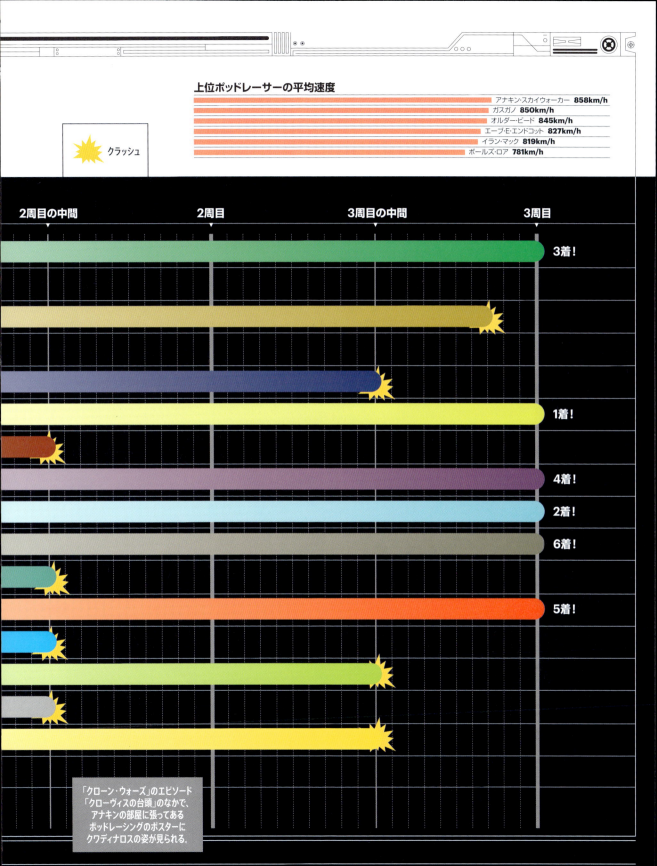

マズ・カナタ

■ フォースに関連した遺物への関心
■ 海賊への関心
■ チューバッカへの関心

下取り価格

レイが回収してきた廃品に
アンカー・プラットが付けた値段

● 1日目の買取価格　● 2日目の買取価格　● BB-8の買取価格

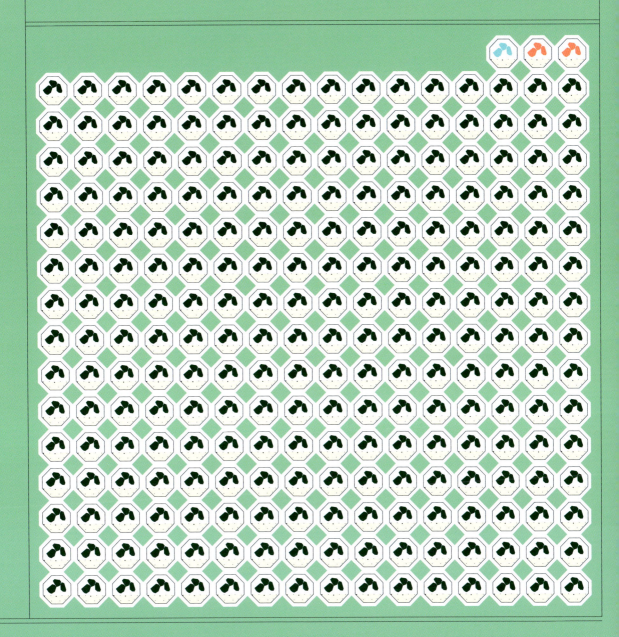

貨幣の流通
クレジットの通貨価値基準

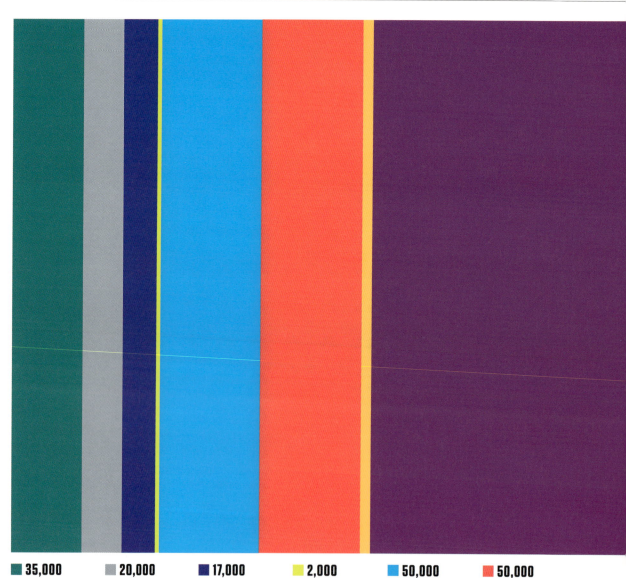

- **35,000** ジャバが怪力のチューバッカに支払うことに同意した額
- **20,000** クワイ=ガン・ジンがT-14ハイパードライブ・ジェネレーターに申し出た対価
- **17,000** オビ=ワンがハンに、自分とルークをオルデランへ輸送するために申し出た額
- **2,000** ルークがスピーダーを売ったときに受け取った額
- **50,000** ハンがカンジクラブから借りた額
- **50,000** ハンがグアヴィアン・デス・ギャングから借りた額

クレジット（または"クレド"）は、銀河共和国および銀河帝国で使われる標準通貨。帝国下の何千という惑星間の交易を可能にするためには、共通の貨幣は重要だ。クレジットはチップに格納したり、金や銀の延べ棒のようなクレジットインゴットを現金同様に用いたりする。

- **5,000** ルークとハンがナーフの運搬に受け取った額
- **224,190** ハンがジャバに借りている額
- **60,000** ルークの首にかけられた報奨金額
- **50,000** ハンの首にかけられた報奨金額

通貨換算表

ウピウピは、タトゥイーンのハット族が使用していた通貨。金貨を本位貨幣とした。ウピウピにはいくつかの貨幣単位がある。

1クレジットの価値

ウピウピ
1ウピウピ≒0.625クレジット

トラガット
1トラガット=10ウピウピ

ペガット
1ペガット=40クレジット

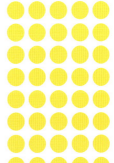

レイ・オブ・ライト

レイが視たヴィジョン

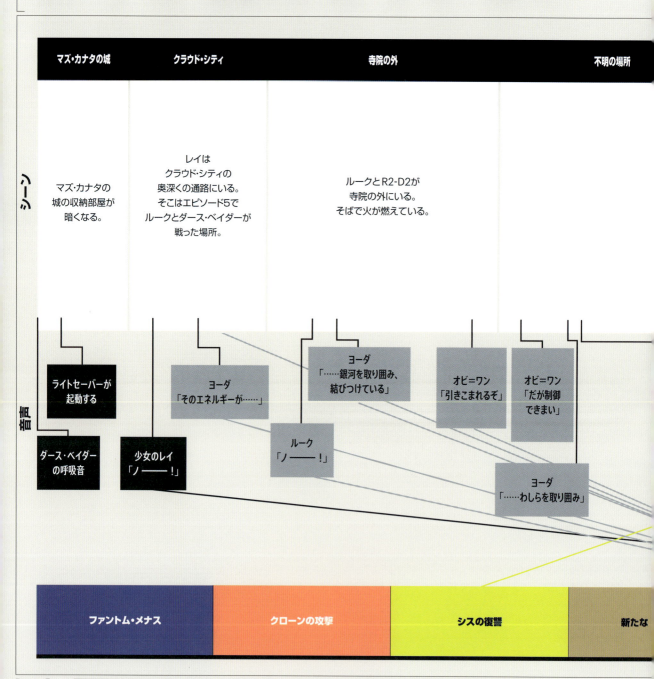

『フォースの覚醒』でルークのライトセーバーを発見したときに、レイは幻視に見舞われた（そのライトセーバーは、かつてアナキンとルークが所有していた。ルークがダース・ベイダーと戦っている最中に失くしたのだ）。これが51秒間に及ぶライトセーバーがもたらした幻視の全容だ。

ジャクー　　　　　　　　　　　スターキラー基地

レイが見あげた先に戦士。クランリーダーの体をカイロ・レンが突き貫く。

幼いころのレイがアンカー・プラットに引きとめられている。宇宙船が飛び去っていく。

雪景色の森を駆けるレイの前に、カイロ・レンが立ちふさがる。レイはひっくり返る——マズ・カナタの城へもどる。

オビ＝ワン「フォースが共に……」

オビ＝ワン「ひとりでやることになるぞ……」

アンカー・プラット「黙れ！」

オビ＝ワン「レイ？」

オビ＝ワン「これがおまえの第一歩だ」

パルパティーン「すべてのジェダイを凌ぐ……」

少女のレイ「ノ——！」

少女のレイ「もどってきて！」

少女のレイ「ノ——！」

る希望　　　帝国の逆襲　　　ジェダイの帰還　　　フォースの覚醒

※ヴィジョンのみに登場

銀河

- ストームトルーパー
- タトゥイーン
- レーションバー
- 反乱同盟軍の航空服
- C-3PO
- アソーカ・タノのショート型ライトセーバー
- ストームトルーパーのブラスター光線
- シスのライトセーバー
- メイス・ウィンドゥのライトセーバー
- インペリアル・ロイヤル・ガードの制服
- ヘラ・シンドゥーラ
- レイのスピーダー
- チューバッカ
- バンサ
- オーウェン叔父さんとベルー叔母さんの焼け焦げた残骸
- カイロ・レン

トーントーン　　　　　　　　　　　　尋問官

ブルーミルク

ヨーダ

マックス・レボ

ダース・シディアスのローブ

アイラ・セキュラ

オビ=ワンのライトセーバー

柔の色

ランド・カルリジアンのケープ

グリード

R2-D2

ルークのライトセーバー

ジョーガンフルーツ

銀河帝国将校の制服

ダース・ベイダー　　　ダークセーバー

マスターと弟子の

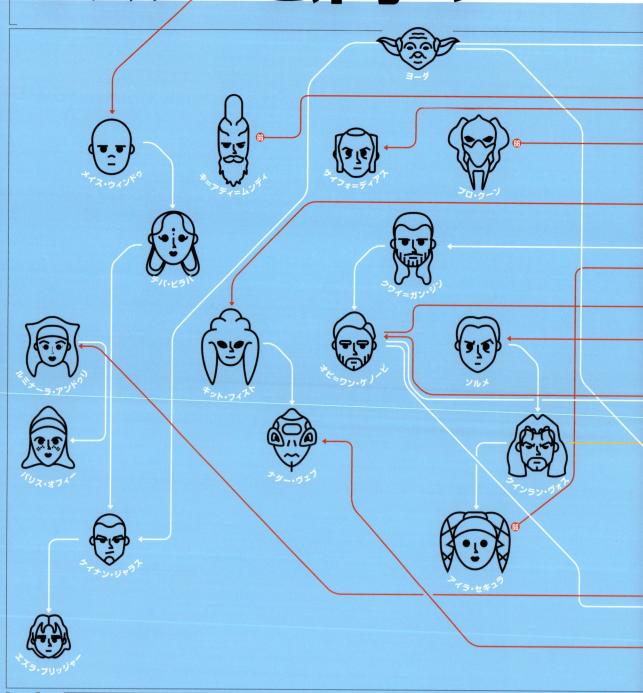

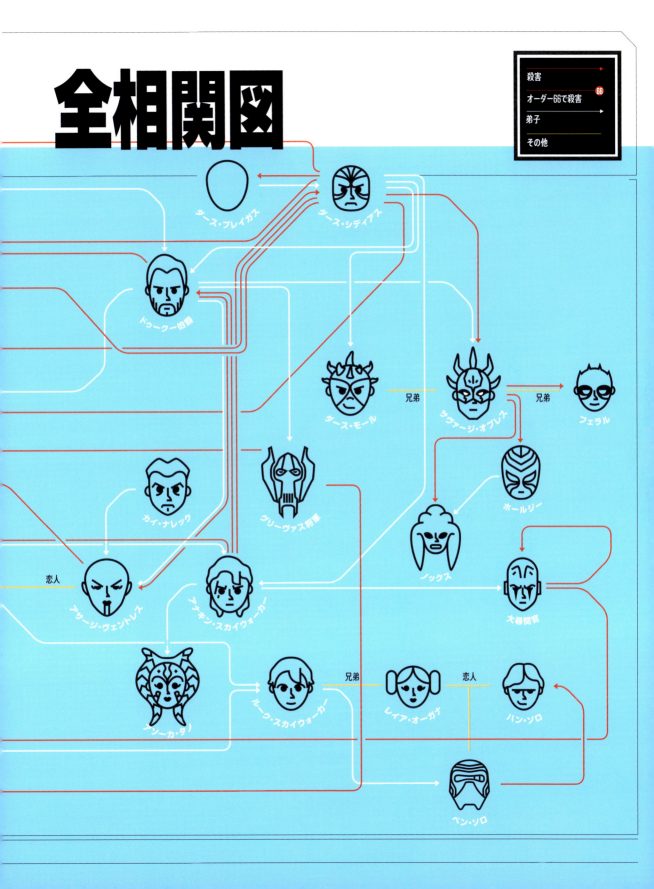

グリードの幸運

■ ハンを最初に発見できてラッキー
■ ハンを撃ったときに狙いをはずしてアンラッキー

アクバー提督のNGカット

- ■ 罠か?
- ■ 罠か……
- ■ 罠だ。
- ■ 罠だ!

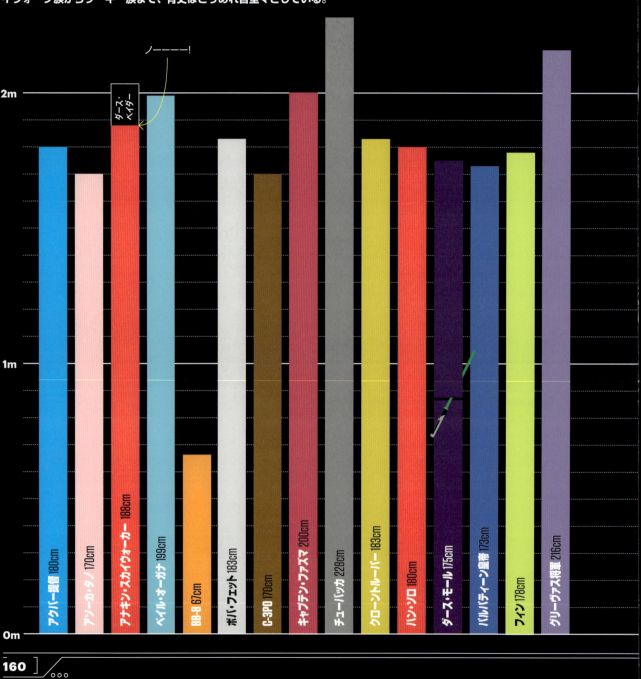

おチビさんね

キャラクター	身長
ジャバ・ザ・ハット	175cm
ジャージャー・ビンクス	196cm
カイロ・レン	189cm
ランド・カルリジアン	178cm
レイア・オーガナ	150cm
ルーク・スカイウォーカー	172cm
メイス・ウィンドゥ	192cm
オビ＝ワン・ケノービ	182cm
パドメ・アミダラ	165cm
K-2SO	220cm
クワイ＝ガン・ジン	193cm
R2-D2	109cm
レイ	167cm
グリーヴァス将軍	70cm
ウィケット・W・ウォリック	80cm
ヨーダ	66cm

常人では思いつかない現実離れした名前

特殊効果やデザインだけがクリエイティブなキャラクター作りの手法ではない。名前も同じくらい創意に富んでいる。

ドゥークー伯爵
『クローンの攻撃』
『シスの復讐』
ダース・シディアスの弟子となったジェダイマスター

ウィケット・W・ウォリック
『ジェダイの帰還』
イウォーク族の男性。
レイアと友達になる。

ビブ・フォーチュナ
『ジェダイの帰還』
ジャバ・ザ・ハットの執事を務めたトワイレック。

ポンダ・バーバ
『新たなる希望』
モス・アイズリーの酒場の常連客で、オビ=ワンにからんだのが運の尽き。

エラン・スリーズバガーノ
『クローンの攻撃』
オビ=ワンがフォースのマインドトリックを使って、家に帰って人生を考えなおさせたデス・スティックの売人。

軌道上

ビッグズ・ダークライター
『新たなる希望』
ルークの幼いころからの友人であり、レッド中隊の隊員。

ジャー・ジャー・ビンクス
『ファントム・メナス』
『クローンの攻撃』
『シスの復讐』
ナブー出身の不器用なグンガン。のちに代議員となる。

ドルーピー・マックール
『新たなる希望』
ジャバ・ザ・ハットの宮殿で演奏した、マックス・レボ・バンドのリード・ホーン奏者

ジェック・ポーキンス
『新たなる希望』
レッド中隊スターファイターのパイロット。ヤヴィンの戦いで命を落とす。

サレシャス・B・クラム
『ジェダイの帰還』
ジャバ・ザ・ハットに仕えた、特徴ある声で笑う道化師。

何万光年のかなた

乗りもの略称一覧

頭文字4つ以下から成る乗りもの名の手引き。すまないが、AT-ACT（全地形対応装甲貨物トランスポート）は含んでいない。

AAT	装甲型強襲用戦車		**AT-TE**	全地形用戦術歩行兵器
AT-AT	全地形対応装甲トランスポート		**DDT**	デフォリエーター配備タンク
AT-DP	全地形対応防衛ポッド		**ITT**	帝国軍兵員輸送機
AT-OT	全地形用開放型歩行兵器		**MTT**	大型兵員輸送車
AT-RT	全地形用偵察兵器		**STAP**	単座式兵員空中プラットフォーム
AT-ST	全地形用偵察歩行兵器		**TIE**	ツイン・イオン・エンジン

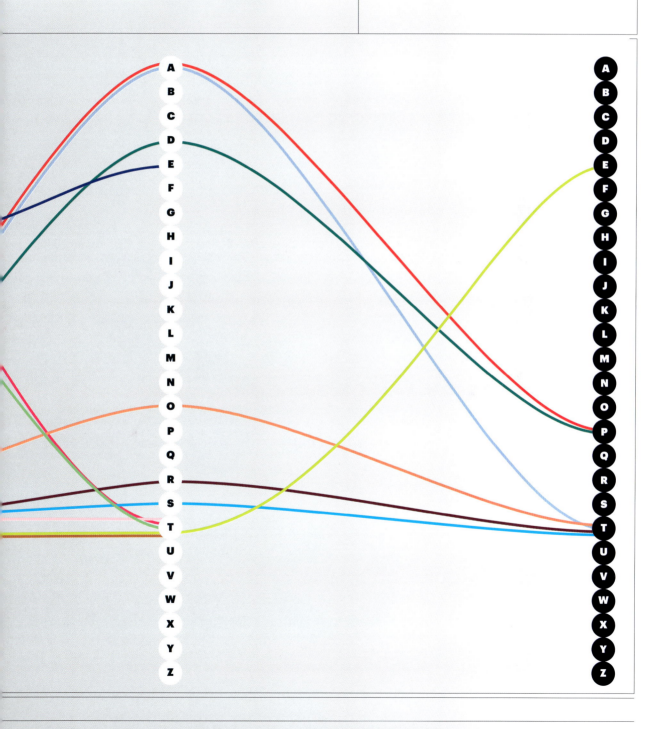

名前のなかに隠れている意味

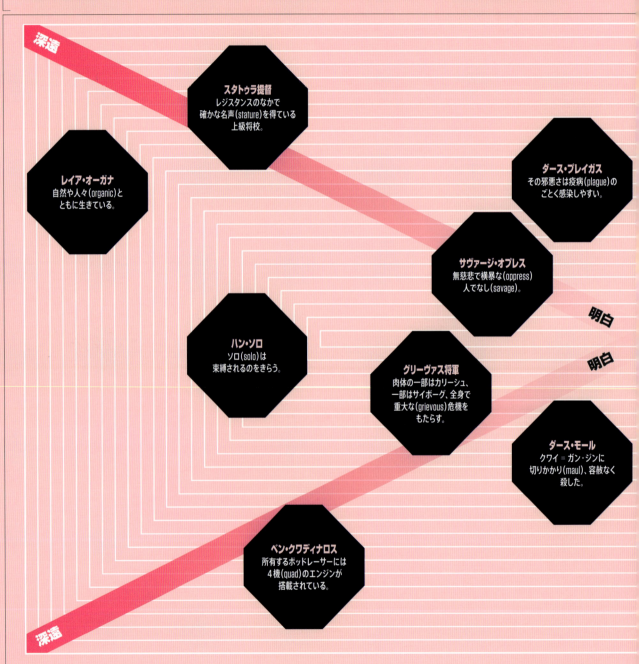

名前はその人について多くを語ってくれる。
これらは人物像のヒントを与えてくれる名前の例だ。

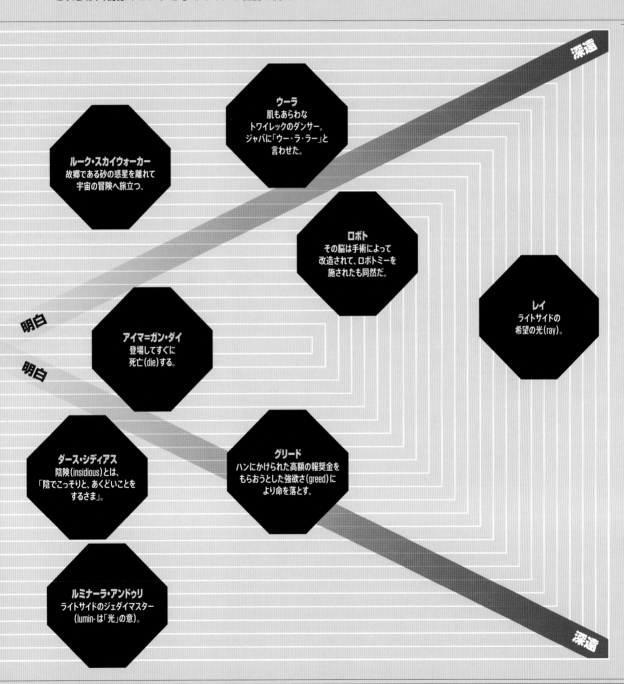

「クローン・ウォーズ」のエピソードの正しい順序

初回オンエア順

年代順			シーズン1	シーズン2	シーズン3	シーズン4	シーズン5	シーズン6
	1	封鎖線を突破せよ		EP.16				
	2	内なる敵	EP.16					
	3	クローン・ウォーズ劇場版映画	劇場版映画					
	4	トルーパーへの道			EP.1			
	5	補給線をつなげ			EP.3			
	6	待ち伏せ	EP.1					
	7	マレボランス襲来	EP.2					
	8	マレボランスの影	EP.3					
	9	撃破！マレボランス	EP.4					
	10	ルーキーたち	EP.5					
	11	消えたドロイド	EP.6					
	12	ドロイドの決闘	EP.7					
	13	型破りなジェダイ	EP.8					
	14	闇のマント	EP.9					
	15	グリーヴァスのアジト	EP.10					
	16	囚人ドゥークー	EP.11					
	17	グンガンの将軍	EP.12					
	18	ジェダイの遭難	EP.13					
	19	平和の守護者	EP.14					
	20	侵入者	EP.15					
	21	ブルー・シャドー・ウイルス	EP.17					
	22	千の月の謎	EP.18					
	23	ライロスの嵐	EP.19					
	24	ライロスの罪なき人々	EP.20					
	25	ライロスの解放	EP.21					
	26	ホロクロン強奪		EP.1				
	27	破滅の積荷		EP.2				
	28	フォースの子供たち		EP.3				
	29	七人の傭兵			EP.17			
	30	いにしえの巨獣		EP.18				
	31	コルサント炎上		EP.19				
	32	元老院のスパイ		EP.4				
	33	砲火を抜けて		EP.5				
	34	強襲 ドロイド工場		EP.6				
	35	恐怖の遺産		EP.7				
	36	ブレイン・インベーダー		EP.8				
	37	囚われたジェダイ		EP.9				
	38	逃亡者		EP.10				
	39	奪われたライトセーバー		EP.11				
	40	デス・ウォッチの陰謀		EP.12				
	41	誘惑の航海		EP.13				
	42	狙われた女公爵		EP.14				
	43	デス・トラップ			EP.20			
	44	絆			EP.21			
	45	危険な追跡			EP.22			
	46	星を蝕むもの				EP.5		
	47	王立アカデミー				EP.6		
	48	悪夢の暗殺者				EP.7		
	49	誇り高き兵士たち				EP.2		
	50	惑星封鎖を解き放て				EP.4		
	51	邪悪なる計画				EP.8		
	52	人質	EP.22					
	53	ズィロを追え！			EP.9			
	54	分離主義者の友			EP.10			
	55	平和を求めて			EP.11			
	56	議員暗殺		EP.15				
	57	ダソミアの魔女			EP.12			
	58	新たな脅威			EP.13			
	59	灰色の魔女			EP.14			
	60	フォースの惑星			EP.15			
	61	光と闇			EP.16			

シリーズの時間が飛んだり過去にさかのぼったりするため、
オリジナルのエピソードが年代順にオンエアされていたとはかぎらない。

初回オンエア順

年代順	タイトル	シーズン1	シーズン2	シーズン3	シーズン4	シーズン5	シーズン6
62	未来の選択				EP.17		
63	鉄壁の要塞				EP.18		
64	決死の脱出				EP.19		
65	勝利の代償				EP.20		
66	囚われのパダワン パート1				EP.21		
67	囚われのパダワン パート2				EP.22		
68	海洋惑星の激戦					EP.1	
69	グンガン参戦					EP.2	
70	囚われた王国					EP.3	
71	危険な影武者					EP.4	
72	アリーン支援作戦					EP.5	
73	さまよえるドロイドたち					EP.6	
74	アンバラの暗雲					EP.7	
75	クレル将軍					EP.8	
76	作戦への反抗					EP.9	
77	クレルの正体					EP.10	
78	消えた植民者					EP.11	
79	共和国の奴隷たち					EP.12	
80	カダーヴォからの脱出					EP.13	
81	友情の真価					EP.14	
82	オビ＝ワン暗殺					EP.15	
83	疑惑の賞金稼ぎ					EP.16	
84	サバイバル・ボックス					EP.17	
85	狙われた祭典					EP.18	
86	魔女狩り					EP.19	
87	その手に掴むもの					EP.20	
88	邂逅					EP.21	
89	復讐の狼煙					EP.22	
90	オンダロン支援作戦					EP.2	
91	戦場を駆ける者たち					EP.3	
92	王の奪還					EP.4	
93	ターニング・ポイント					EP.5	
94	ギャザリングへの挑戦					EP.6	
95	試される力					EP.7	
96	アソーカを救え					EP.8	
97	求められる絆					EP.9	
98	特務分隊結成					EP.10	
99	虚無の惑星					EP.11	
100	生きていた兵士					EP.12	
101	惨劇へのカウントダウン					EP.13	
102	復活のシス					EP.1	
103	悪の同盟					EP.14	
104	仕組まれた救世主					EP.15	
105	歪みゆく惑星					EP.16	
106	爆破犯を追え					EP.17	
107	真実の行方					EP.18	
108	逃亡者アソーカ					EP.19	
109	ジェダイの過ち					EP.20	
110	未知の症状						EP.1
111	陰謀						EP.2
112	逃亡者						EP.3
113	命令						EP.4
114	古い友達						EP.5
115	クローヴィスの台頭						EP.6
116	はずれた思惑						EP.7
117	失踪 パート1						EP.8
118	失踪 パート2						EP.9
119	失われた者						EP.10
120	声						EP.11
121	運命						EP.12
122	犠牲						EP.13

われわれを取り囲み、
結びつけているもの——
そう、フォースだ。
だが文法もまたしかり。
オリジナル3部作と
プリクエル3部作の
あいだには隠された
文法パターンがある。

スター・

A NEW HOPE
新たなる希望　エピソード4

THE EMPIRE STRIKES BACK
帝国の逆襲　エピソード5

RETURN OF THE JEDI
ジェダイの帰還　エピソード6

エピソード6の公開時の
タイトルは、REVENGE OF
THE JEDI（ジェダイの復讐）。

ワーズ

■ 冠詞　■ 形容詞　■ 名詞　■ 動詞　■ 前置詞　■ 副詞

THE PHANTOM MENACE
ファントム・メナス　エピソード1

ATTACK OF THE CLONES
クローンの攻撃　エピソード2

REVENGE OF THE SITH
シスの復讐　エピソード3

歴史は繰り返す

キャラクター	砂漠育ち	ドロイドに貴重な情報を授ける	アナキンの青いライトセーバーを所有	父親が不在	手足のどこかが欠損	博識ある老年の指導者	背が低いかつ自身家	惑星破壊兵器を滅ぼす	「いやな予感がする」と感じた	生まれついてのパイロット	うぬぼれ屋なところが魅力
アナキン・スカイウォーカー	■		■	■	■					■	
BB-8		■						■			
C-3PO		■			■			■			
チューバッカ							■				
フィン				■			■				
ハン・ソロ							■	■	■	■	■
カイロ・レン											
レイア・オーガナ		■	■					■	■		
ルーク・スカイウォーカー	■		■	■				■	■		
マズ・カナタ				■		■					
オビ=ワン・ケノービ						■			■		
パドメ・アミダラ											
ポー・ダメロン		■						■	■	■	
R2-D2		■					■	■			
レイ	■		■					■	■		
ヨーダ											

特徴、テーマ、出来事、こうした共通項が、世代をまたいで広がるストーリーを結びつけるのにひと役買っている。

	ドロイド	逃走中	廃品回収業者たちからドロイドを救出	ライトセーバーで重傷を負う	フォース感応者	マスクを取ってくれと息子に頼む	フォースの霊体	よく酒場にいる	悪党たちに捕らえられた	王家の血筋	恋愛関係が不幸に終わる
アナキン・スカイウォーカー				●	●	●	●		●		●
BB-8	●	●									
C-3PO	●		●						●		
チューバッカ				●				●	●		
フィン		●		●							
ハン・ソロ		●		●				●	●		●
カイロ・レン				●	●					●	
レイア・オーガナ		●			●				●	●	●
ルーク・スカイウォーカー		●		●	●		●		●	●	
マズ・カナタ				●				●			
オビ=ワン・ケノービ			●	●	●		●				
パドメ・アミダラ		●								●	●
ポー・ダメロン		●							●		
R2-D2	●								●		
レイ		●	●	●				●			
ヨーダ					●		●				

時間と空間

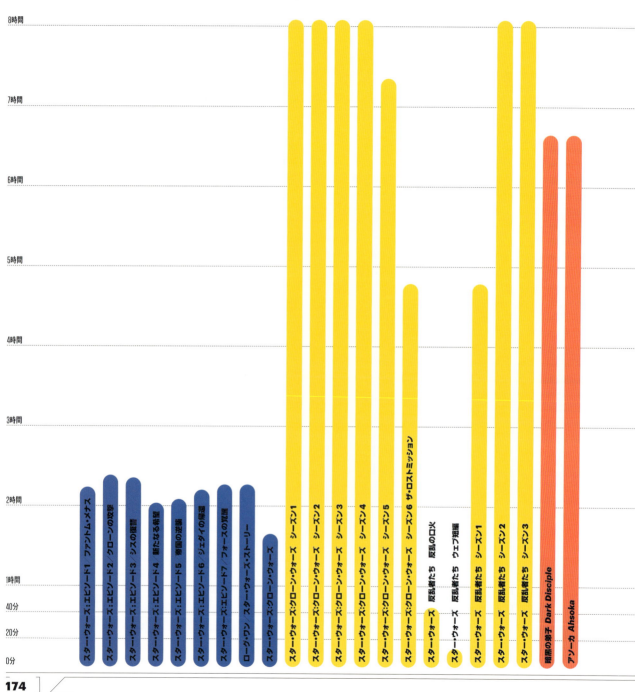

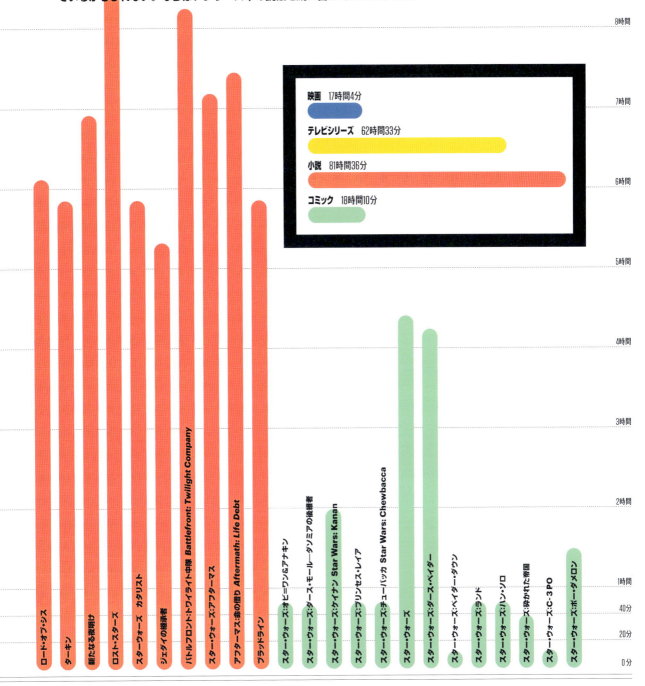

ティム・レオンは受賞歴のある『Super Graphic: A Visual Guide to the Comic Book Universe』の著者 (Best Art & Design Book of 2013, Amazon)。「エンターテイメント・ウィークリー」のクリエイティブ・ディレクターも務める。お気に入りのスター・ウォーズ映画は『帝国の逆襲』。彼のレイア姫とジェダイ候補生とともにブルックリンで暮らしている。

STAR WARS SUPER GRAPHIC
by Tim Leong

Copyright © 2017 by Lucasfilm Ltd. LLC & ® or ™ where indicated.
All rights reserved. Used under authorization.
No part of this book may be reproduced in any form without written permission from the publisher.
First published in English by Cronicle Books LLC, San Francisco, California.

Japanese translation published by arrangement with Chronicle Books LLC through The English Agency(Japan)Ltd.

Chronicle Books LLC
680 Second Street
San Francisco, California 94107 www.chroniclebooks.com

www.starwars.com

© & ™ 2017 LUCASFILM LTD.

スターウォーズ スーパーグラフィック
インフォグラフィックで旅する はるかかなたの銀河系

2019年6月25日 初版発行

著者 ティム・レオン
翻訳 佐藤弥生(P001-087) 茂木靖枝(P088-176)
日本版ブックデザイン イシジマデザイン制作室
編集 田中竜輔
発行者 上原哲郎
発行所 株式会社フィルムアート社
〒150-0022
東京都渋谷区恵比寿南1-20-6
第21荒井ビル
Tel. 03-5725-2001
Fax. 03-5725-2626
http://filmart.co.jp

印刷・製本 シナノ印刷株式会社

Printed in Japan
ISBN978-4-8459-1824-9 C0074

落丁・乱丁の本がございましたら、お手数ですが小社宛にお送りください。
送料は小社負担でお取り替えいたします。

テキスト及びデザイン
ティム・レオン

追加デザイン
ジェニー・チャン

追加イラスト
ジェームズ・キム

追加リサーチ
アリー・サドリアー

追加編集
レイチェル・スワビー

以下の方々に深く感謝します。
エミリー・ヘインズ
ウィン・ランキン
ニール・イーガン
ヘンリー・ゴールドブラット
ショーン・スミス
キア・ノヴェスキー
ケイトリン・ケネディ